ALTERNATIV HEILEN

Herausgegeben von Gerhard Riemann

Inge Schilling-Steinle (geb. 1953) und Gerd Schilling (geb. 1944) begannen ihren gemeinsamen farbigen Weg 1971 mit den berufsbegleitenden Seminaren bei Dr. H. Frieling, dem Altmeister des Farbwissens. Er führte neben der Diplomierung zum Farbberater zu einer langjährigen Zusammenarbeit mit Dr. Frielings Institut für Farbenpsychologie, die nur noch wenig Raum für die ursprüngliche Tätigkeit in Glasmalerei und Innenarchitektur ließ. Seit 1988 führen die beiden ein eigenes Institut mit meßtechnischem Labor und leiten die inzwischen zur »International Colour Academy« (ICA) avancierten Farbseminare. Zahlreiche Veröffentlichungen in Fachzeitschriften und populären Magazinen.

Dieses Buch wurde auf chlor- und säurefreiem Papier gedruckt.

Originalausgabe Oktober 1996
Copyright © 1996 Droemersche Verlagsanstalt Th. Knaur Nachf., München
Das Werk einschließlich aller seiner Teile ist urheberrechtlich geschützt.
Jede Verwertung außerhalb der engen Grenzen des Urheberrechtsgesetzes
ist ohne Zustimmung des Verlages unzulässig und strafbar.
Das gilt insbesondere für Vervielfältigungen, Übersetzungen,
Mikroverfilmungen und die Einspeicherung und Verarbeitung
in elektronischen Systemen.
Umschlagillustration: Susannah zu Knyphausen
Satz: Ventura Publisher im Verlag
Reproduktion: Repro Ludwig, Zell am See
Druck und Bindung: Elsnerdruck, Berlin
Printed in Germany
ISBN 3-426-76126-2

5 4 3 2 1

Inge & Gerd Schilling

Symbolsprache Farbe

mit Persönlichkeitstest

Inhalt

Vorwort

2.6.90.

Farbe ist ein wichtiges Instrument im Zusammenklang der Natur, im »Konzert« des menschlichen Daseins. Wenn das Zusammenspiel von Farbe, Form und Raum stimmt, wird es als angenehm empfunden, doch nicht weiter gewürdigt – so wie auch niemand bei einem guten Orchester den einen oder anderen Musiker besonders herausstellen würde –, doch wehe, wenn ein Mißklang entsteht! So ist es auch mit der Farbe, ihr Symbolgehalt steht für etwas, das von unserem Unterbewußtsein sehr wohl gelesen werden kann. Ist diese Botschaft falsch, werden wir aufmerksam, reagieren mit Unbehagen oder auf einer bewußteren Ebene mit Ablehnung.

Nun ist, um den Vergleich zur Musik fortzusetzen, die »Tonkunst« allenthalben bekannt und mit ihrer fundamentalen Basis der Tonleiter im Repertoire jedes Grundschülers vorhanden, die Farbenlehre jedoch oder gar die symbolische Bedeutung der Farbe ist – obwohl kulturhistorisch um ein Vielfaches »älter« – nicht ins Allgemeinwissen vorgedrungen.

Mit unserem Buch *Symbolsprache Farbe* haben wir versucht, eine Fibel zu schaffen, die es dem Leser ermöglicht, ein breites Farbwissen aus 2.500 Jahren mit Zeichen, Produkten, Räumen und sogar Gesundheitsaspekten unserer Zeit zu vergleichen und Selbsterlebtes zu begreifen. Beispiele aus unserer über 20jährigen Berufspraxis und einer fast ebenso langen Ausbildungstätigkeit auf diesem Gebiet sorgen für einen realitätsbezogenen Zugriff auf das Thema: den bewußten Umgang mit Farbe auf privater Ebene in Wohnung, Kleidung usw. Auf der psychologischen Ebene werden Farbtests, Trend und Zeitgeist beleuchtet. Die esoterische Beziehung der Farben zu den Elementen kommt ebenso zur Sprache wie die Verbindung zur Astrologie und zu anderen Symbolbereichen. Ein im Buch enthaltener Farbtest beweist selbst dem skeptischen Leser die gewaltige Ausdruckskraft der Symbolsprache Farbe.

Wir hoffen, daß Ihnen das Lesen soviel Freude bedeutet wie uns das Schreiben für Sie.

Adolzfurt, im Juli 1996   *Inge & Gerd Schilling*

I Phänomen und Wirkung

Wunder gibt es immer wieder

Beginnen möchten wir dieses Buch mit einem kleinen Wunder, an das Sie jedoch nicht zu *glauben* brauchen, nein, Sie können es vielmehr hier und jetzt *erleben*. Diesem Wunder sind Sie schon oft begegnet, Sie werden täglich mit ihm konfrontiert, allerdings ohne daß Sie es bemerken. Bringen Sie dieses Wunder deshalb heute in Ihr Bewußtsein, und steigen Sie jetzt unmittelbar in die faszinierende Farbwelt ein.

Als Eintrittspreis genügt eine blanke, goldfarbene Münze – zum Beispiel ein Zehnpfennigstück. Legen Sie diese Münze auf den linken der beiden unten abgebildeten Kreise, sorgen Sie für eine gute Beleuchtung, und fixieren Sie die Münze dann mit beiden Augen ganz konzentriert ca. 60 bis 90 Sekunden lang. Wenden Sie nun den nach wie vor fixierten Blick dem rechten Kreis zu, und Sie werden, sofern Sie alles genau befolgt haben, Ihr – im wahrsten Sinne des Wortes – »blaues« Wunder erleben.

Wenn das Ganze nicht sofort klappt, bleiben Sie auf jeden Fall geduldig, und bedenken Sie, daß manche Wunder etwas länger dauern. Oder versuchen Sie, die Erfahrung auf eine andere Weise zu

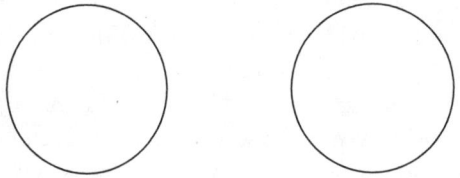

Abb. 1   Das »blaue« Wunder (siehe auch Farbtafel XVII)

machen: mit einem feuerroten Kreis, den Sie sich aus einer Zeitung oder anderem Material zurechtschneiden. Wenn Sie dann jedoch kein »blaues«, sondern ein eher »grünes« Wunder erleben, ist das nicht weiter verwunderlich, sondern im direkten Zusammenhang mit dem Phänomen des »gegenfarbigen Nachbildes« zu sehen. So wird nämlich Ihre soeben gemachte Erfahrung in der Fachsprache genannt.

Vom Geist im Mädchenzimmer

Ich kann mich noch sehr gut an mein erstes Erlebnis mit einem Nachbild, genauer gesagt mit einem Blendungsnachbild, erinnern. Als ich noch klein war und abends meine Mutter im Zimmer das Licht löschte, sah ich immer einen leuchtend grünen Geist, der unaufhörlich im Zimmer auf und ab wanderte. Er machte mir angst, und eines Abends setzte sich mein Vater ins Dunkel zu mir ans Bett, um mir beizustehen. Doch er konnte meinen Geist nicht entdecken.

So blieb ich mit meinem Problem allein und gewöhnte mich daran. (Schließlich gewöhnt man sich ja an so vieles und stumpft mit der Zeit ab, bis man es gar nicht mehr bemerkt.) Erst Jahre später, zu Beginn unserer Farbberaterausbildung, innerhalb derer wir von unserem Lehrer Heinrich Frieling mit solchen und ähnlichen Phänomenen konfrontiert wurden, kam mir mein damaliger »Geist« wieder in den Sinn. Mir fiel es wie Schuppen von den Augen: Es war das Blendungsnachbild der Deckenleuchte, das mir damals allabendlich einen »Geist« beschert hatte, den mein Vater aber nicht sehen konnte. Die Erklärung ist einfach: Wir beide hatten einen völlig verschiedenen Blickwinkel. Er saß ja auf dem Bettrand, und ich lag im Bett mit dem Blick zur Decke. Er konnte also nicht von der Deckenleuchte geblendet werden und wurde auf diese Weise auch nicht von einem Nachbild als »Geist« belästigt.

Dieses Erlebnis zeigt deutlich, daß sich das Phänomen im Menschen abspielt, daß er Beteiligter am Farbgeschehen ist und nicht nur zufälliger Betrachter. Farbe im üblichen Sinne – egal, ob wir sie auf der grünen Wiese oder am Bildschirm wahrnehmen – bedarf immer des »erlebenden« Betrachters.

Und es zeigt noch mehr, es zeigt vor allem, wie subjektiv unsere Betrachtungsweise doch ist. Ich war damals nicht in der Lage zu erkennen, daß es nicht ein »Geist« war, der da auf und ab wanderte, sondern mein eigenes Auge. Vor allem bemerkte ich nicht, daß er mich nicht beherrschen, sondern daß ich ihn dirigieren (bzw. auf einen bestimmten Punkt fixieren) kann.

Doch glücklicherweise ist Farberleben nicht ausschließlich an subjektive Erlebnisse gebunden. Es gibt darüber hinaus für alle Normalsichtigen eine ganze Reihe von gültigen Faktoren, die es ermöglichen, von einer symbolhaften, ja urbildlichen Farbsprache zu reden und darüber zu schreiben. Als normalsichtig im Bereich Farbe sind alle Menschen zu bezeichnen, die ihr Sehvermögen aus dem Einsatz von drei volltauglichen Rezeptortypen auf der Netzhaut des Auges beziehen, und das sind über neunzig Prozent der Weltbevölkerung.

Farbfehlsichtigkeit, wie die richtige Bezeichnung für die landläufig als Farbenblindheit bezeichnete Mangelerscheinung lautet, betrifft vor allem das männliche Geschlecht, da sie genetisch programmiert ist.

Der Farbimpuls bei der Zeugung

Jeder zehnte Mann ist im Durchschnitt farbuntüchtig, hat diesen Mangel väterlicherseits ererbt und wird ihn gegebenenfalls auf Söhne, in jedem Falle aber auf mögliche männliche Enkel vererben. Zuständig dafür sind Gene, die im Erbgut des Menschen die »Bauanleitung« für die Photorezeptoren, welche für die Farberkennung auf der Netzhaut zuständig sind, speichern. Während das für die *Blau*erkennung zuständige Gen auf dem Chromosom Nr. 7 liegt, sind die für die *Grün*- und *Rot*erkennung wichtigen Gene auf dem Geschlechtschromosom X gelagert. Zusätzlich sind für die *Grün*erkennung mehrere Kopien eines Gens notwendig, deren Zahl von Mensch zu Mensch variiert. Diese relativ neuen Erkenntnisse erhielten die Biologen nicht etwa aus den Kernen menschlicher Sehzellen, sondern aus einer leichter zugänglichen Art des Erbgutes, aus den Spermien. Wenn also die Voraussetzung für die Farbtüchtigkeit an das Geschlechtschromosom X gekoppelt ist, dürfen wir davon ausgehen, daß die Wichtigkeit des Sehens in der Evolution des Menschen eine bedeutende Rolle spielt.

Im Wechselbad der Polaritäten

Das obige Beispiel mit dem »Geist« war ein erster Hinweis auf die Wechselbeziehungen im Bereich der Farbphänomene von Nachbild, Simultankontrast, farbigem Schatten und dergleichen. Im Beispiel des Blendungsnachbildes vom rötlichen Licht der Deckenleuchte war die Reaktion ein grünliches Nachbild; bei unserem »Einstiegswunder« mit der gelblich-goldenen Münze war das Nachbild bläulich, auf der Farbtafel XX ist es rosa und himmelblau. Das Auge versucht bei einseitiger Belastung immer, einen Ausgleich zu schaffen: Zuviel Rot erzeugt den Ausgleich im Grün. Ein Nachbild baut sich zur Gegenfarbe hin auf – zur Polarität. Und nicht nur das Auge, sondern der ganze Mensch, die ganze Natur reagiert auf diese Weise.

Um Helle empfinden zu können, bedarf es der Dunkelheit, um Kälte zu spüren, müssen wir um die Wirkung des Feuers und der Hitze wissen. Nässe definiert sich am eindeutigsten im Gegensatz zur Trockenheit. Unser Körper versucht also stets, das Nichtvorhandene auszugleichen, er schafft sich ein Gleichgewicht. Auf eine Erkältung reagiert er deshalb oft mit Fieber. Wechselbäder regen den ganzen Kreislauf an, weil sie beide Extreme, das Warme und das Kalte, im Wechselspiel einsetzen und so einen gesunden Ausgleich herstellen. Und beim Blinden wird der nicht entwickelte bzw. der überhaupt nicht vorhandene Sehsinn durch einen übernormal entwickelten Tast- und Hörsinn kompensiert.

Aber auch in anderen Bereichen des menschlichen Systems spielt die Wechselwirkung eine wesentliche Rolle. So kann Energieaufnahme nur in Ruhephasen erfolgen. Ein Nebeneinander oder gleichzeitiges Auftreten von Abgabe und Aufnahme ist unnatürlich und von der Natur her höchstens im äußersten Notfall möglich.

Dieses natürliche Wechselspiel findet seine Entsprechung auch in der Welt der Farben. Allen Beispielen voran seien die wesentlichsten Gegensätze und gleichzeitig die wichtigsten Bedingungen für das Zustandekommen von Farbe genannt: Licht und Finsternis.

Doch bevor wir Sie zum konsumierenden Leser machen, möchten wir Ihnen hier zunächst ein kleines Angebot unterbreiten, das Sie aktivieren soll. Schon mit der Münze haben wir Sie am Geschehen beteiligt, und dies würden wir nun gern fortsetzen. Bitte nehmen Sie hierfür ein Blatt Papier und einen Stift, und notieren Sie in zwei getrennten Spalten die Worte, die Ihnen zu den Begriffen *Licht* und *Finsternis* einfallen.

Wenn Sie glauben, fertig zu sein – halten Sie sich nicht zu lange damit auf, denn es geht ja nicht darum, tausendundeinen Begriff zu finden –, legen Sie Ihre Notizen zur Seite, und lesen Sie zunächst im sich unmittelbar anschließenden Text weiter.

Licht und Finsternis

Die in unserem Kulturkreis verbreiteten Religionen stützten sich in ihrem Schöpfungsgedanken auf die biblischen Berichte, die wir im alttestamentlichen Buch *Genesis* wiederfinden. Dort wird Gott als Schöpfer von Himmel und Erde dargestellt, wobei über die Beschaffenheit des Himmels keine Angaben gemacht werden. Zumindest in diesen christlichen Texten lesen wir von einer wüsten und leeren Erde, die finster und mit Wasser bedeckt war. Und wir lesen davon, daß über dem Wasser der Geist Gottes schwebte.

Im dritten Vers schließlich steht die Erschaffung des Lichts im Mittelpunkt. Es wird berichtet, daß Gott spricht: »Es werde Licht, und es ward Licht. Und der Herr sah, daß das Licht gut war und trennte es von der Finsternis.« Hier verlassen wir die Genesis – allerdings mit der Frage: Hätte nicht die Finsternis gleichwertig sein können oder zumindest nur ein bißchen böse? Nun denn – es ist, wie es ist, und selbst Goethe, der wohl umfassend den Zusammenhang von Licht und Finsternis erkannt hat, formuliert einseitig: »Farben sind Taten und Leiden des Lichtes.«

Die Genesis ist somit die Geburtsstunde der Dualität des Gegensatzes oder der Gegenüberstellung von *gut* und *böse*. Die Notwendigkeit des Lichtes *und* der Finsternis, sowohl der Wärme als auch der Kälte, so wie wir es heute und vor allem gemäß unseres von Aristoteles abgeleiteten Farbverständnisses sehen, wurde dabei nicht erkannt. Wir müssen das Prinzip der *Polarität* akzeptieren: »Die Gegensätze bedürfen einander« – Rot fordert Grün (Sie erinnern sich an das Nachbild?), wie Goethe richtig erkannte. So betrachtet, dürfen wir uns glücklich schätzen, heute ein Feld zu beackern, auf dem schon Aristoteles, da Vinci, Dürer, van Gogh und manch anderer den Samen gelegt haben.

Doch zurück zu Goethes »Taten und Leiden des Lichtes«.

Automatisch denkt jeder Farbinteressierte bei diesem Zitat an das Licht, das sich im Prisma bricht oder beugt und die Spektralfarben zum »Vorschein« bringt. Aber tut es das wirklich? Eben nicht! Gerade daran entzündete sich Goethes langjährige Beschäftigung mit dem Thema Farbe, weil der Blick durch das Prisma nicht die erhoffte Farbfülle brachte. Erst im Wechsel vom hellen Licht, das durch das Fenster strömte, zum »finsteren« Fensterkreuz, also im Spannungsfeld von Hell und Dunkel, erschien die Farbenpracht vor seinen Augen.

Bereits dieses einfache Experiment beweist, daß Helligkeit/Licht alleine nicht ausreicht. Erst die Polarität, hier die Finsternis, bringt

16

die notwendige Spannung, läßt Lebendigkeit entstehen, schafft eine lebenswerte Umgebung. Wie überhaupt hätte man sich denn Helligkeit vorzustellen? Helligkeit ist am ehesten einem Berggipfel in der Winterwelt vergleichbar, bei dem Sie jedoch die Aussicht entbehren müssen, da die Wahrnehmung von Konturen nur durch »Verschattung« – also durch Finsternis – möglich ist. Unsere Wahrnehmungsmöglichkeit würde also der im Finsteren entsprechen.

Wir wissen von den Mondastronauten, daß die reine Helligkeit nicht zu ertragen ist. Die Netzhaut wäre in Bruchteilen von Sekunden zerstört, wären wir ihr ständig ausgesetzt. Ansatzweise kennen wir diesen Sachverhalt vom Phänomen der – allerdings reparablen – Schneeblindheit her.

Auch eine völlige Finsternis würde langfristig zur Erblindung führen. Allerdings handelte es sich hier um einen Prozeß, der noch geraume Zeit durch den dosierten Einsatz vom Gegenpol Licht unterbrochen bzw. beendet werden könnte.

Bei dieser Betrachtung wird deutlich, daß die Paarung Licht/Finsternis also nicht in gut und böse zu teilen ist, sondern daß es sich um gleichwertige Geschwister handelt, die allerdings ihre Kräfte unterschiedlich zum Einsatz bringen. Besonders herauszuheben ist der Umstand, daß Licht und Finsternis Zustände sind, die – absolut gesehen – in unserer Welt nicht vorkommen. Die Begriffe markieren Idealzustände, doch nur durch die Auseinandersetzung mit dem Maximum ist eine objektive Gegenüberstellung möglich. Sowohl bei Ihrer eigenen als auch bei unserer Begriffssammlung wird Ihnen auffallen, daß wir in den seltensten Fällen die Extreme meinen, sondern uns meist nur an Schwarz und Weiß orientieren.

Von Licht und Finsternis zu Weiß und Schwarz

Licht und Finsternis sind zwar nicht die *Eltern* der Farben, aber auf jeden Fall stehen sie dem Phänomen »Pate«. Und diese *Paten* haben nun ihrerseits Repräsentanten auf der *materiellen* Ebene. Denn Licht und Finsternis sind immaterielle Zustände. Wenngleich sich Finsternis durch die Abwesenheit von Licht – und Licht durch die Abwesenheit von Finsternis – präzise definieren läßt, wird aber doch deutlich, daß sich beide in einem imaginären, unbegrenzten Raum-Zeit-Gefüge befinden müssen. Die greif- und begreifbaren Repräsentanten sind Schwarz und Weiß. Sie fixieren die äußeren Grenzen des Farbraumes der »Körper- oder Aufsichtfarben«, jener Farben also, die wir mittels Pigment auf Stoffe färben, mit denen wir Zimmer und Häuser gestalten und aus denen die meisten der vielfarbigen Naturkolorationen erschaffen sind – sei es im Gefieder eines Vogels, in der zauberhaften Färbung eines Herbstwaldes, einer Blumenwiese oder den warmen Ockerschichten der Provence. Jede dieser Farben ist dunkler als Weiß und heller als Schwarz, weshalb wir unsere Führung durch die Farbwelt ganz bewußt hier beginnen wollen, denn nirgendwo sonst wird das Urprinzip der Farbendynamik – die Polarität – reiner aufgezeigt als im Gegensatz von Weiß und Schwarz. Die beiden Pole begrenzen den Farbraum nach oben (Weiß) und nach unten (Schwarz), was die symbolhafte Anbindung an Himmel und Hölle, an Licht und Finsternis selbstverständlich unterstützt.

WEISS	SCHWARZ
oben	unten
hoch	tief
hell	dunkel
leicht	schwer
leer	voll
auf	zu

Helligkeit	Dunkelheit
hellsehen	schwarzsehen
erhaben	erniedrigt
unbeschwert	beschwert
offen	verschlossen
endlos	endgültig
haltlos	gefangen
Illusion	Depression
Auflösung	Konzentration
durchlässig	dicht
nichts	nicht
locker	fest
frei	gebunden
jemandem etwas weismachen	schwarzmalen
in den Himmel heben	zur Hölle schicken
erlösen	erzwingen
Obrigkeit	Untertan
Oberschicht	Unterschicht
Unschuld	Schuld
Wahrheit	Lüge
Reinheit	Schmutz

Aus dieser Zuordnung wird nun die Bedeutung, der Sinn von Weiß und Schwarz deutlich. Doch bevor Sie weiterlesen, sollten Sie Ihre Notizen zu Licht und Finsternis noch einmal zur Hand nehmen und vergleichend beurteilen.

Nun wollen wir Weiß und Schwarz noch eingehender erläutern, Zusammenhänge und Hintergründe erklären. Beginnen wir bei Weiß.

Weiß

Weiß symbolisiert in erster Linie das *Gute* und Harmlose. Es veranschaulicht alles, was mit Helligkeit, Leichtigkeit und Offenheit in Verbindung zu bringen ist, auch die Reinheit und Wahrheit.

Der Volksmund weiß hiermit sehr wohl umzugehen. Man denke nur an den Begriff *weiße Magie*. Er ruft Assoziation an gute Geister, Engel und Feen hervor, die so ganz im Gegensatz zu den bösen Wesen stehen, die man gemeinhin mit der *Schwarzen Magie* in Verbindung bringt. Und man denke an das weiße Brautkleid, das die Unschuld und das Unbefleckte einer Braut verdeutlichen will, und an die weiße Taube, das Friedenssymbol. Ferner darf die weiße Flagge nicht außer acht gelassen werden. Bei ihr spielt neben der Bedeutung von Weisheit und Frieden auch der Aspekt von Kapitulation und Schwäche mit hinein.

Wofür Weiß außerdem steht, kann am besten anhand von Blumen herausgearbeitet werden. Der Friedhofsstrauß aus weißen Blumen zeigt, daß jede Farbe nicht nur eine positive, eine Plusseite, sondern auch eine Minusseite hat, etwa die des Abschiednehmens und des Loslassens. Selbst die »weißen Rosen aus Athen« sind ja Abschiedsblumen. Und schließlich kann uns der Hinweis auf das Symbol der studentischen Widerstandsgruppe um die Geschwister Scholl – die »Weiße Rose« – auf einen weiteren Aspekt aufmerksam machen: Hier wird offensichtlich, daß die weiße Blume eine Blume *ohne Emotion* ist. Sie spiegelt nur noch die *Leere* wider, aber auch die Reinheit.

Zum Thema Emotionslosigkeit sei noch der weiße Arztkittel erwähnt, der auf der einen Seite Hygiene und Reinheit demonstriert, auf der anderen Seite jedoch Kindern Angst einflößt, da sie im Weiß nur Sterilität, undefinierbare Zurückhaltung und keine Emotion erkennen können. Auch der Volksmund empfindet diesbezüglich ähnlich, erinnert sei nur an die Redensart: »die Götter in Weiß«.

So verrät uns die Symbolik des Weißen als Grundthema nicht nur das Positive der Lichtseite, sondern auch die Negativtendenz der

Leichtigkeit, der *Illusion*, der *Leere*, und der *Schwäche* und der *Haltlosigkeit*. Allerdings wird dies erst auf den zweiten Blick, bei näherer Betrachtung deutlich. Und wenn wir ganz genau hinsehen, können wir hinter Weiß sogar den *Leichtsinn* entdecken.

Schwarz

Schwarz zeigt auf den ersten Blick das *Schwer*wiegende, das *Böse*. Man denke nur an die Schwarze Magie, die Teufel, Hexen, Kobolde, an die schwarzen Raben, schwarzen Schafe und die schwarzen Seelen. Es ist die dunkle Seite, der *Schatten*, den wir mit Schwarz in Verbindung bringen, das *Verbotene* und alles, was damit zusammenhängt: der *Reiz des Verbotenen*, die Versuchung, die Verführung – das schwarze Abendkleid, die schwarze Unterwäsche.

Weitere Stichworte zu Schwarz: »Black is beautiful«, *Black Magic*, die *Tiefe*, die *Unterwelt* in jeder Form. Die Macht, die Kraft, die aus dem Dunkel kommt, aus Schwere, Druck, Unterdrückung, Verhärtung, Gefangensein – *Black power*. Das Schwarz der Jugend, dieses In-sich-geschlossen-Sein, Verschlossen-Sein, das in der Symbolik des Schwarzen liegt: das Nein, die *Trotz*haltung gegen »Druck von oben«, gegen *Zwänge, Sachzwänge, gegenüber* »*Obrigkeit*« *in jeglicher Form – seien es Elternhaus und Schule oder Staat, Tradition etc.*

Ebenso das Verschlossene der schwarzgekleideten »Design-Päpste«, das ihre absolute Haltung, ihren einzig wahren Standpunkt, ihr Sichabheben von der Norm, von der breiten Masse demonstriert und dem Existentialismus huldigt, als wären Tucholsky und Edith Piaf noch mitten unter ihnen. Zum Szene-Treffpunkt fährt man standesgemäß im schwarzen Carrera.

Und dann gibt es das »Geschlossene« des »kleinen Schwarzen« – gemeint ist das bescheidene, fast *unter*würfige Kleid in Schwarz, das immer paßt, eben weil es »zu« ist, und der schwarze Anzug, das schwarze Kostüm, die Seriosität, *Ge-* und *Verschlossenheit* demonstrieren.

Hier sind wir nun beim schwarzen Trauerkleid, beim Thema der Trauer. Wir sind bei Verschlossenheit, dem »Zu«, dem Nein, dem *Nicht-akzeptieren-Wollen*, dem Abschied, der Schwere, der Tiefe, der Traurigkeit, ja der Depression, der tiefen Last der Hinterbliebenen. Wir sind bei der Trauer in Schwarz!

Im Gegensatz dazu steht die Trauer in Weiß, wie wir sie in anderen Ländern und Kulturen, beispielsweise in Indien, vorfinden. Die Trauer wird hier anders ge- und erlebt, und dies schlägt sich in der Farbe der Trauerkleidung nieder. Es handelt sich um eine Form des Trauerns, die leichter, erhabener, offener ist. Trauer ist in diesen Kulturkreisen und Religionen eher eine Trauer der Lösung, der Erlösung, des Erlöstseins vom Erdendasein. Der Abschied in Weiß ist demnach mehr auf den Toten bezogen. Es geht um das Abschiednehmen im Sinne von »den Verstorbenen loslassen«.

So können zwei grundsätzlich verschiedene Formen der Trauer ausgemacht werden: die Trauer in Schwarz und die Trauer in Weiß.

Schwarz und Weiß, generell die Unbunten, stehen meist im Zusammenhang mit einer Lebenskrise, einer Ausgliederung aus dem Farbreigen, einer Abschirmung und Absonderung von der Norm. Die Helligkeitsstufe verdeutlicht das: Sie drückt aus, wie man zu der entsprechenden Situation steht:

Mit dem Schwarz, der dichten, dunklen, festen »Farbe«, betont man die »festgefahrene Situation«, die »Sackgasse«, das »Schwarzsehen«. Sie verdeutlicht die sture, steife Haltung, das Beharren auf der eigenen Meinung.

Mit dem Weiß, der hellen, leichten »Farbe«, betont man hingegen das Gefühl des »Erhabenseins«, des »Über-der-Sache-Stehens«, des Abhebens und des »Weismachens«, der Illusion.

Mit dem Grau, der Mitte zwischen Schwarz und Weiß, betont man das weniger Extreme. Man will sich eher verkriechen, etwas verbergen, nur nicht auffallen. Es gilt, vornehme Zurückhaltung zu üben, sich zu distanzieren, seine Ruhe zu haben, nicht »Farbe zu bekennen«.

Schwarzweiß

Ein weiterer Ausdruck des Unbunten sind die Schwarzweißkombinationen. Sie zeigen nicht nur die Tiefe, sondern auch die Höhe an, verweisen also auf eine höhere Bandbreite. Eine enorme Spannung liegt in dieser Kombination, ein Spiel oder ein Kampf zwischen Hell und Dunkel.

Hierfür sei nur ein Beispiel erwähnt: der Schornsteinfeger – »Glücksbringer« in Schwarz, der im Schmutz arbeitet, aber gleichzeitig ein weißes Halstuch trägt, das Symbol der Reinheit, mit dem er die Erlösung aus der *Tiefe* demonstriert.

Zurück zu den Polaritäten

Dem Schwarz haftet also erst einmal das Schwere, das Dunkle, folglich das Böse, das Negative an; dem Weiß das Leichte, das Licht und folglich das Gute, das Positive.

Nun ist es an der Zeit, die physikalisch meßbaren Fakten zu betrachten. Wie gehen Weiß und Schwarz mit der nachweislich auftreffenden Strahlung unseres Energielieferanten Licht um?

WEISS	SCHWARZ
reflektiert Strahlung	verschluckt Strahlung
Remission	Absorption

Es wirkt folglich:

abstrahlend	zusammenziehend
rückstrahlend	annehmend

Hierauf fußt die psychologische Bedeutung von:

abweisen	*anziehen*
sich distanzieren	*sich dazu bekennen*

Hier fällt nun auf den ersten Blick die »positive« Betonung dem Schwarz zu. Bleiben wir jedoch bei den Fakten. Wir stellen fest:

WEISS	SCHWARZ
remittiert	absorbiert
LICHT	WÄRME

Beides reflektiert
ENERGIE

Sowohl Schwarz als auch Weiß *reflektieren* Energie, nur eben von unterschiedlicher Qualität. Weiß reflektiert das Licht, die *sichtbare* Strahlung, das Spektrum und Schwarz die *unsichtbare* Strahlung, die Wärme. Doch Licht *ist* Energie, Weiß dagegen ist energieabstoßend. Und umgekehrt: Schwarz ist energieaufnehmend (Solartechnik), die Finsternis selbst ist Nacht, ist Ruhe, ist energielos.

LICHT	FINSTERNIS
Energie	Ruhe

WEISS	SCHWARZ
energieabstoßend	energieaufladend

Hierauf fußt die psychologische Bedeutung von:

emotionslos	*emotionsgeladen*

Und wo bleibt hier die »positive« Betonung?

Das Wechselspiel der Energieverteilung zeigt, daß alles ein Zusammenspiel gegenseitiger Kräfte ist. Es ist nicht so, daß Weiß – weil *leicht* – nur Positives repräsentiert und Schwarz – weil *schwer* – nur Negatives. Weiß wie Schwarz – wie überhaupt alle Symbole, Farben und Eigenschaften – tragen sowohl das Positive als auch das Negative in sich. Es ist das Denken und Handeln in Extremen, das

Einseitigkeit hervorruft. Das Leben braucht den Ausgleich, das richtige Maß, das sich der Körper, der Organismus, wenn wir es ihm nicht zugestehen, von selbst holt. Das Phänomen des Nachbildes demonstriert dies in wunderbarer Weise: Auf zuviel Rot reagiert unser Auge mit Grün, auf zuviel Schwarz mit Weiß. Die Reaktion führt immer zum Gegenpol.

Wir benötigen sowohl die Helle als auch das Dunkel. Um Energie auftanken zu können, bedarf es der *Ruhe der Nacht*. Um Energie abgeben zu können, bedarf es der *Betriebsamkeit des Tages*. Das eine bedingt automatisch das andere – ist also in ihm bereits angelegt – oder mit Goethe:

> »Nichts ist drinnen, nichts ist draußen,
> denn was innen, das ist außen.«

oder

> »Wo viel Licht, da viel Schatten!«

Folglich gibt es kein *Nur-gut* und *Nur-böse – kein Gut ohne Böse!* – oder besser noch *kein Böse ohne das Gute*.

Vielleicht gibt es sogar beides so wenig, wie es Licht und Finsternis in Reinform gibt.

Hier drängt sich nun förmlich die Assoziation von *Himmel und Hölle* auf – die ja jeweils Licht und Finsternis bzw. Weiß und Schwarz zugeordnet werden – und folglich die Frage: Brauchen wir nicht sowohl den Himmel als auch die Hölle? Gehen wir mit unserer persönlich gefärbten oder anerzogenen Meinung von »Gut und Böse«, von Schwarz und Weiß, von Schuld und Unschuld, von Wahrheit und Lüge, von Reinheit und Schmutz, von Verbotenem und Erlaubtem nicht in die Irre? Wer erlaubt? Wer ge- oder verbietet? Wird hier nicht deutlich, wie einseitig, wie angepaßt oder wie subjektiv dieses »Schwarzweißdenken« ist?

Unser Einstiegserlebnis mit der Münze hat uns verdeutlicht, daß manches von dem, was wir als gegeben und wirklich betrachten, mit der Projektion der Außenwelt in unser Bewußtsein zusammen-hängt, beim Nachbild z. B. mit unserem Blickwinkel. Eine weitere Beeinflussung geschieht über »Umgebungsbedingungen« (Umfeld/Umwelt). Wunderschön deutlich machen kann man dieses am Phänomen des Simultankontrastes.

Der Simultankontrast

Betrachten Sie die Abbildung 2. Was sehen Sie? – Ein graues Band in der Mitte auf verschieden hellem Untergrund. Aber wie empfinden Sie das graue Band? Hat es nicht auch unterschiedliche Helligkeit? Falsch, es ist durchgehend eine Helligkeitsstufe. Wenn Sie es nicht glauben, decken Sie doch beide Seiten ab, so daß nur noch der graue Streifen in der Mitte sichtbar ist.
Es ist alles relativ: In einem hellen Umfeld wirkt das Grau heller als in einem dunklen. Dazu gibt es natürlich im Farbenbereich endlose Beispiele (vgl. Farbtafel IV). Aber nicht nur im Farbenbereich, sondern auch in realen Situationen spielt die simultane Beeinflussung eine wesentliche Rolle. Der Volksmund hat dafür genügend Belege:

Nur wer auf einem hohen Turm steht, kann tief fallen –
Unter Blinden ist der Einäugige König! –
Wenn wir Macht und Stärke um uns herum spüren,
fühlen wir uns schwach. Und unter Schwachen fühlen wir uns stark. –
Nirgendwo kann man sich einsamer und verlorener fühlen als im größten Trubel. –
Aus der Tiefe der Trauer wissen wir erst,
was Höhe, was Freude bedeutet.

Ebenfalls zu diesem Thema wollen wir Ihnen eine beeindruckende Demonstration vorführen, mit der Josef Albers schon seinen Studenten am Bauhaus das Phänomen des Simultankontrastes erklärt

Abb. 2   Alles ist relativ

hat und das auch in seinem Mappenwerk *Interaction of Color** erwähnt ist. Sie sind eingeladen, dies am *eigenen Körper* zu erfahren. Dazu benötigen Sie drei mit Wasser gefüllte Gefäße unterschiedlicher Temperatur – oder Sie stellen sich die Situation einfach vor: Im linken Gefäß befindet sich *eis*kaltes Wasser, im rechten Gefäß *heißes* (gerade noch erträgliches) und im mittleren Gefäß Wasser von genau der mittleren Temperatur des linken und des rechten Gefäßes: *lauwarm*.

Nun legen Sie die linke Hand in das kalte und die rechte in das heiße Wasser und lassen die unterschiedlichen Temperaturen wirken, bis sich Ihre linke Hand abgekühlt und Ihre rechte Hand erwärmt hat. Geben Sie jetzt beide Hände in das mittlere Gefäß. Was – glauben Sie – werden Sie empfinden, wenn Ihre kühle und Ihre warme Hand im selben lauwarmen Wasser liegen? Wird es für beide Hände dasselbe Wasser sein?

Diese Wechselspiele führen geradewegs zur Auseinandersetzung mit der Mitte, dem Grau.

Grau

Grau, das bedeutet weder hell noch dunkel, weder kalt noch warm, weder naß noch trocken, einfach grau: Mitte, totale Ruhe, *Diskretion; neutraler*, nicht störender Hintergrund. Titel und Namen von Vereinigungen bezeugen dies, etwa »Graue Edition« und »Graue Reiter«. Und Goethe vermerkt dazu: »Grau, teurer Freund, ist alle Theorie.«

Nicht störender Hintergrund kann auch bedeuten: nicht auffallender Hintergrund. Und so wird mit Grau in erster Linie demonstriert, daß man nicht auffallen will, daß man dazu neigt, sich vornehm zurückzuhalten und vorzugsweise im verborgenen zu agieren.

---

* Josef Albers: *Interaction of Color*, Verlag Josef Keller, Starnberg 1973

Man denke nur an die »graue Eminenz«, an diese kaschierte, im Hintergrund agierende Macht. Oder man rufe sich die »Grauen Panther« in Erinnerung, diese politische Gruppierung ergrauter Intellektueller. Der Volksmund kennt Grau fast nur in negativen Redensarten und Begriffen: »grauer Alltag«, »graue Maus«, das »Morgengrauen« (im Gegensatz dazu das »Morgenrot«), der »graue Himmel«, die »graue Vorzeit«. In diesen Beispielen kommt vor allem die Ruhe zum Ausdruck, die absolute, ja *tote Ruhe*, die das Grau ausdrückt und auf die sich nur schwer etwas aufbauen kann (nicht einmal ein Nachbild). Grau steht demnach für die Müdigkeit, den immer gleichen Trott, den Alltag, für die Langeweile und Gleichgültigkeit, für das »Grauen« vor der *Eintönigkeit*.

Schwarz und Weiß haben eine Richtung und eine Aussage, Grau aber hat keine. Als Mitte zwischen zwei Polen ist Grau zwar nicht einseitig, aber doch eintönig. Man könnte deshalb fragen, ob es sich nicht auch bei dieser »Farbe« um ein Extrem handelt: um ein Extrem der Ruhe, einer toten Ruhe, die Leben fordert. Und diese Frage kann bejaht werden. So hat also auch die Mitte einen Ausgleich, verlangt nach ihm, nach dem gesamten Wechselspiel von Licht und Finsternis, nach dem gesamten Spektrum, dem kompletten Farbreigen oder, noch einmal mit Goethe gesprochen: »Grau, teurer Freund, ist alle Theorie, und grün des Lebens goldner Baum!«

UNBUNT	BUNT
leblos	vital
still	lebhaft
verbergen	zeigen
verdrängen	offenlegen
distanzieren	sich bekennen
leise	laut
kaschieren	betonen
Diskretion	Offenbarung

Aufforderung zum Farbreigen

Schon das Wort »Farbreigen« zeigt auf, wohin der Weg nun führt: zur Bewegung. Auch wenn der Reigen für den Betrachter noch so einfach aussehen mag, beginnt er für diejenigen, die ihn tanzen, ganz ursprünglich mit bestimmten Schritten. Allerdings beginnt er noch nicht mit dem ersten Schritt, sondern erst mit einer Schrittfolge, z. B. »rechts, links, schließen«. Erst die Kombination schafft einen neuen Standpunkt; der erste Schritt nach rechts kann ja leicht rückgängig gemacht werden, »zurück – alte Position«, alles ist dann beim alten. Folgt dem Schritt nach rechts das Nachsetzen des linkes Beines, ist ein neuer Standpunkt erreicht. Ein *Zurück*, also ggf. das Wiedereinnehmen der Ausgangsposition, ist genauso aufwendig wie ein *Vorwärts*.

Mit unserem Farbreigen verhält es sich ähnlich. Auch hier ist die Schrittfolge ausschlaggebend. Wie z. B. steht ein Gelb zu Blau? Wieder geht es um das Wechselspiel von Hell und Dunkel. Oder genauer: Es geht um warm und kalt, um aktiv und passiv.

Farbe in unserem Sinne hat es immer gegeben. Doch der symbolische Wert ist erst in einem langen Entwicklungsprozeß entstanden. Die Sumerer und Ägypter, die ersten Kulturvölker, deren Wissen uns zugänglich ist, trennten Farben symbolisch in solche, die allem *Lebenden*, wie Menschen, Tieren, Göttern, dem Feuer, zugeordnet sind, und solche, die allem *Reglosen*, *Ruhenden*, *Unbewegten*, wie Gebäuden, Steinen, Pflanzen, Wasser, zugehören. Der gesamte Bereich von *Grün bis Blau* war dem Passiven, Kalten, Unbewußten zugeordnet; die Farbe selbst hatte hier keine Be-»Deutung«. Ganz im Gegensatz standen die Farben für den *belebten, warmen, aktiven, bewußten* Bereich. Hier wurde sehr wohl nach der Bedeutung unterschieden. Menschen wurden im *Gelb-Orange-Rot*-Bereich dargestellt – bis zur Steigerung ins *Gold* für die Gottkönige. Je höher der Rang, um so reiner die Farbe, und je niedriger die Stellung, um so verhüllter die Farbe. So wurden *Sklaven* als die unterdrückte, dienende Schicht in *brauner* bis *ockriger* Farbe dargestellt.

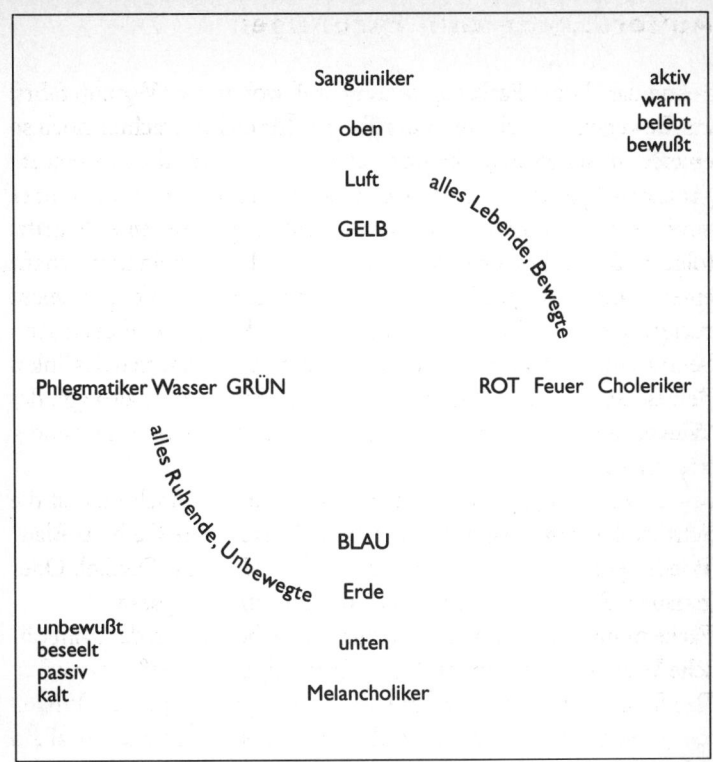

Abb. 3 Von der Dualität zur Polarität der vier Urprinzipien

In der chinesischen Kultur kam es erstmals zu einer feineren Differenzierung der aktiven Farben von Gelb bis Rot. *Gelb-Orange-Gold* symbolisierte den *göttlichen, geistigen* Bereich, *Rotorange bis Tiefrot* den *funktional-staatlich-ordnenden* oder deutlicher noch: den *dominierenden* Bereich der Obrigkeit. In der Antike dann, genauer gesagt im athenisch-philosophischen Weltbild, das seinerseits geprägt und mitprägend war für eine Staatsform *ohne gottgleiche Könige* oder Häuptlinge, war es dann unvermeidlich, das indifferente Farbbild des *Blau-Grün*-Bereiches zu ordnen und so zu einer Viererteilung zu gelangen. Das heißt: *Alle Farben sind im Ganzen*, und das Ganze teilt sich in *vier archetypische Bereiche*, die natürlich ihrerseits weitere Differenzierungen zulassen.

Zu dieser Zeit nun, so um das fünfte Jahrhundert vor Christus, bilden sich die prägenden Zuordnungen der Farben zu den Elementen heraus, zu Feuer, Wasser, Luft und Erde.

Es ist sicherlich nicht überraschend, wenn die vier archetypischen Urfarben hier als *polare Paare* erscheinen, bei denen aus Gründen des globalen Gleichgewichts keiner das Übergewicht bekommen sollte.

Aus dieser Ursymbolik sind die uns heute noch vertrauen Denk- und Gedankenmuster erhalten, auf die wir eingangs schon gestoßen sind.

2 Die Entwicklung der Farbenlehre

Von den vier Urfarben der Antike zur Spektralphotometrie des 20. Jahrhunderts

Ebenfalls schon etwa 500 Jahre vor unserer Zeitrechnung formulierte der griechische Arzt und Philosoph Empedokles (geboren in der Mitte des 5. Jhs. v. Chr. auf Sizilien) Zusammenhänge zwischen dem Farbensehen aus seiner medizinischen Sicht und der charakterlichen Zuordnung der Farben. Er ordnete in einer ersten Farbtheorie nicht nur die vier Elemente *Erde, Wasser, Feuer, Luft* den vier Urfarben *Blauviolett, Grün, Rot* und *Gelb* zu, sondern bezog auch die vier Temperamente mit ein:

Rot für den hitzigen *Choleriker*
Grün für den trägen, gelassenen *Phlegmatiker*
Gelb für den rastlosen *Sanguiniker*
Blau-Violett bis Schwarz für den schwermütigen *Melancholiker*

Die Pythagoreer hingegen gingen von den vier Farben *Weiß, Schwarz, Rot* und *Gelb* aus, aus deren Mischung sie alle anderen Farben abzuleiten suchten.
Sämtliche griechischen Gelehrten, von Aristoteles bis Plato, beschäftigten sich mit dem Thema »Sehen und Farbe«, wobei jedoch kaum ein Lehrsatz erhalten blieb, der als Basis für unser heutiges Farbverständnis dienen könnte. Lediglich die Ansicht von Aristoteles, *die Bildung aller Farben beruhe auf Schwarz und Weiß*, wurde von Goethe übernommen, ebenso wie die von Aristoteles geäußerte Vermutung, daß *Teilchen von den Gegenständen in unser Auge dringen*

33

und so Farb- bzw. Bildeindruck auslösen. Wenn wir die heute gültigen medizinisch-physikalischen Erkenntnisse zugrunde legen und die Teilchen als elektromagnetische Schwingungen betrachten, hatte Aristoteles ja hier bereits die richtige Ahnung.

Die Zeit der Römer und die folgende Umgestaltung unseres Kulturraumes durch die Völkerwanderung, Kreuzzüge etc. ließen das Thema Farbe erst einmal in den »Schatten der Geschichte« treten. Erst in der Renaissance wurde es wieder diskutiert, und vor allem Leonardo da Vinci (1452–1519) machte recht exakte Aufzeichnungen über Farbstufen und Farbpolaritäten. Er ordnete die vier Urfarben in der Reihe Gelb, Grün, Blau, Rot und ergänzte die Palette mit Weiß am gelben Ende und Schwarz auf der roten Seite. Ähnliche Farbordnungen erstellten auch andere Maler, etwa Michelangelo (1475–1564) und diesseits der Alpen Albrecht Dürer (1471–1528).

Der große Durchbruch in der Farbenlehre kam 1671 mit Isaac Newton (1643–1727), als er der noblen Londoner Sozietät sozusagen als *Aufnahmereferenz* seine Farbentheorie vorlegte. Lange Jahre noch beschäftigte sich Newton mit deren Ausarbeitung, die dann 1706 in seinem Buch *Die Optik* veröffentlicht wurde. Die Originalausgabe wurde übrigens – wie damals üblich – in lateinischer und nicht in englischer Sprache gedruckt. Die zweite, in Englisch verfaßte Ausgabe, die leider bis heute kaum bekannt ist und von der auch Goethe nichts wußte, hat eine für das Farbverständnis wichtige Korrektur, und zwar heißt es darin: *»Das Licht (Sonnenlicht) ist zusammengesetzt aus Strahlen unterschiedlicher Brechung.«* In der lateinischen Erstausgabe war das Licht noch aus »farbigen Lichtern« zusammengesetzt.

Newton erkannte also schon richtig, daß Farbe kein physikalischer Begriff ist, sondern im menschlichen Bewußtsein entsteht. In unserer Betrachtung sehen wir die Welt um uns herum farbig. Physikalisch definiert heißt das, daß die Dinge das auffallende Licht in unterschiedlichen Spektralbereichen und in unterschiedlicher Intensität reflektieren.

Farbe ist Empfindung, Emotion, Liebe, Leben, Pulsschlag und nicht der Impuls eines Meßgerätes.

Neben vielen, bis heute kontrovers diskutierten Aspekten ist vor allem die erstmals von Newton vorgenommene Anordnung der Regenbogenfarben zum Farbkreis ein Meilenstein in der Farbenlehre, denn er begleitet uns bis in die heutige Zeit und stellt das anschaulichste und faßbarste Modell des Spektralverlaufes dar.

Newtons Farbkreis ist ursprünglich als Kreiselscheibe gedacht, die – in Rotation gebracht – ein Weiß erzeugen soll, daher auch die unterschiedlich großen Segmente. Tatsächlich entsteht auf der rotierenden Kreisscheibe ein *Graubeige*, das durch den schwarzen Grund (siehe Simultankontrast) auf den Betrachter weißt wirkt. Obwohl dieses Experiment naturwissenschaftlich nicht schlüssig ist und dem gesunden Menschenverstand ohnehin nicht einleuchten kann, wird es bis heute in unserem Schulwesen demonstriert.

Die Farblehre Newtons zeigt schon in ihrer Entstehung, wie die bis heute gültige Wissenschaft zu Werke geht. Will ich das Licht erforschen, so schließe ich es erst einmal aus. In den nun dunklen Raum lasse ich das kleinstmögliche Teilchen und seziere dieses, so gut ich kann. Die gefundenen Ergebnisse oder Thesen übertrage ich dann auf das Ganze.

Wir haben uns mit Licht und Helligkeit schon ausgiebig beschäftigt, und es bedarf wohl keiner Demagogie, wenn wir aus diesem exemplarischen Beispiel Kritik an der rein auf physikalischen Erkenntnissen beruhenden naturwissenschaftlichen Weltsicht ableiten.

Der größte Newton-Kritiker, der seine Kritik auf »persönliches Erleben« gründete, war Goethe. Geheimrat von Goethe (1749–1832) hatte auch von den wissenschaftlichen Farbbetrachtungen gehört und wollte die Newtonschen Prismenversuche nachvollziehen. Durch allerlei Umstände, nachzulesen in »Die Confession des Verfassers« in Goethes Farbenlehre, kam Goethe 1771 bei seinem ersten Blick durchs Prisma nicht zur erhofften Farbigkeit und wurde dadurch zur kritischen Auseinandersetzung mit der Newtonschen Lehre angeregt.

Basis der Kontroverse war der Umstand, daß Newton im dunklen Raum arbeitete und das Licht als Strahl durch das Prisma lenkte, während Goethe im Hellen arbeitete und durch das Prisma schaute. Die unterschiedliche Betrachtungsweise führte zwangsläufig zu unterschiedlichen Ergebnissen und letztendlich dazu, daß Goethe den gesamten Bereich der Farbphänomene sozusagen neu entdeckte. Denn gerade im Zusammenspiel verschiedener Kräfte (Licht und Finsternis, Reiz und Ermüdung, Bunt und Unbunt) entstehen diese *»kleinen Wunder«* der Farbe, allerdings nur für die, die alle Bedingungen offenlassen. Wir leben in unserer Welt täglich in offenen Bedingungen, und sosehr wir durch unseren Arbeitsrhythmus Vorgaben und Auflagen unterworfen sind, haben wir doch bei jedem neuen Schritt, den wir tun, neue, nicht vorhersehbare Möglichkeiten. Deshalb ist ja auch die Farbenlehre mit Goethe nicht abgeschlossen. Physikalisch sind wir mit der Darstellung von Spektralverläufen am Ende des Weges. Psychobiologisch haben wir uns gerade erst auf den Weg begeben.

Zurück zu den Daten: Im Jahre 1791 veröffentlichte Goethe mit seinen *Beiträgen zur Optik* den ersten Teil seiner Farbenlehre. Rund zwanzig Jahre später (1810) war dann mit dem *Entwurf einer Farbenlehre* das Hauptwerk Goethes abgeschlossen. Es enthält neben physikalischen und naturwissenschaftlichen Betrachtungen auch Überlegungen über die sinnlich-sittliche Wirkung der Farbe, die als Basis dessen bezeichnet werden dürfen, was heute »Farbenpsychologie« heißt.

Ein Zeitgenosse Goethes, der Maler und Dichter Philipp Otto Runge (1777–1810), arbeitete ebenfalls an einer Farbenlehre. Er stand mit Goethe in Kontakt und teilte diesem im November 1807 seine Meinung über eine kompakte Farbordnung mit. Runge veröffentlichte nach intensiven Arbeiten im Januar 1810 seine Farbenlehre: ein dünnes Bändchen, das jedoch die bis dato einzige dreidimensionale Darstellung der Farben und ihrer Stufungen enthielt.

Da er im Dezember desselben Jahres einem Tuberkuloseleiden erlag, konnte er seine hochinteressanten Arbeiten nicht weiterführen. Im übrigen beschäftigten sich um die Jahrhundertwende 1790–1810 auch Schiller, Schopenhauer, selbst Hölderlin und Novalis mit diesem interessanten Thema. Doch die weitere Betrachtung des Phänomens sollte künftig nicht philosophischer, sondern vordringlich physikalischer Natur sein. Denn im Jahre 1800 stellte Thomas Young (1773–1829) der Royal Society in London seine Dreiphasentheorie vor, die davon ausging, daß der Mensch drei Rezeptoren in der Netzhaut hat, durch deren Reizung sich alle Farbeindrücke erklären lassen.

Der deutsche Physiker Hermann von Helmholtz (1821–1894) konnte diese Theorie erhärten durch die experimentelle Darstellung der additiven und der subtraktiven Mischung (Young-Helmholtzsche Dreiphasentheorie, 1876). Diese Young-Helmholtz-Theorie wurde in den sechziger Jahren dieses Jahrhunderts durch drei unabhängig voneinander arbeitende Forscherteams in Skandinavien, England und den USA bestätigt; sie erhielten dafür 1967 den Nobelpreis für Physiologie und Medizin (R. Granit, Skandinavien; H. K. Hartline, GB; G. Wald, USA).

Allerdings stellten sie bei ihren Messungen am menschlichen Auge fest, daß die drei Rezeptorgrundfarben nicht Rot, Blau und Grün sind wie bei Young-Helmholtz, sondern Gelbgrün, Gelb und Ultramarin. Somit wird Gelb nicht aus den zwei Rezeptoren Grün und Rot, sondern Rot aus den Rezeptoren Ultramarin und Gelb erzeugt. Dies ist ein Beweis für die richtige Annahme von Goethe, daß das Sehen sich zwischen den Polen Gelb (zwei Rezeptoren) und Blau (ein Rezeptor) abspielt.

Mit der Neuorientierung nach dem ersten Weltkrieg wurde dem philosophisch-künstlerischen Aspekt der Farbe wieder mehr Gewicht beigemessen. Adolf Hölzel, der Lehrer von Johannes Itten, entwarf eine Farbenlehre, die auf den Erkenntnissen Goethes basierte. Er fand jedoch bei der ersten Vorstellung außerhalb seines

Studentenkreises nicht die erwartete Resonanz, da zum gleichen Zeitpunkt (1. Farbtagung des Werkbundes 1919 in Stuttgart) Wilhelm Ostwald seine durchorganisierte Farblehre vorstellte. Ostwald (1853–1932) hatte zehn Jahre zuvor den Nobelpreis für Chemie erhalten und sicherlich schon dadurch mehr Gewicht als der Künstler Hölzel.

Ostwald nahm die Rungesche Idee auf und konstruierte ein reales Farbgebilde, das alle möglichen Farben inklusive Weiß und Schwarz enthält. Das System hatte zweierlei Ansprüche: Zum einen sollte es der Farbklassifizierung dienen, zum anderen sollten aufgrund der Farbwerte bestimmte ästhetisch-psychologische Voraussetzungen erkennbar sein.

Ostwalds Farbsystem galt neben dem etwa zeitgleich in Amerika entstandenen des Kunstmalers Munsell als das verbreitetste seiner Zeit. Ostwald unterteilt jede Farbnuance in die Parameter: *Farbton*, *Helligkeit* und *Sättigung*. Der Ostwald-Farbtonkreis umfaßt 24 aus ursprünglich 100 *Farbtönen*, die als Nummern oder Buchstabencode differenziert sind. Die *Helligkeit* einer Farbe bestimmte er an einer logarithmisch (in Helligkeitsstufen von Weiß bis Schwarz) aufgebauten *Grauleiter*. Ein Violett mit 50 % Helligkeit ist demnach ein Hell-Violett oder, richtiger gesagt ein Lila, während es sich bei einem Gelb mit ebenfalls 50 % Helligkeit nur um Oliv oder Ocker handeln kann, da die reine Farbe 65 % Helligkeit aufweist. Die Eigenhelligkeit einer Farbe liegt zwischen 65 % bei Gelb und 6,5 % bei Blauviolett. Die *Sättigung* bezieht sich immer auf den Vollton, die Vollfarbe oder den reinen Farbton, der nach Ostwald die höchste Buntheitsstufe/Leuchtkraft hat. Grau hat den Buntheitswert Null. Ein Blau-, Grün- oder Rotton mit einer Sättigung von 50 % ist also immer eine verhüllte, vergraute Farbe.

Die Farblehren des Bauhauses ebenso wie die Systeme von Lambert, Hickethier etc. sind – für sich genommen – interessant, tragen jedoch nicht wesentlich zum heutigen Stand bei und sind daher hier nicht aufgeführt.

Im Jahre 1931 beschloß die CIE (Commission Internationale de

L'Eclairage, Internationale Beleuchtungskommission), die Farbmessung von drei Farbstandards aus vorzunehmen. Basierend auf Newton – *alle Farben zusammengesetzt ergeben Weiß* – und der Dreiphasentheorie von Young-Helmholtz wurden die Eckpunkte Rot = 700 Nanometer (nm), Grün = 546,1 nm und Blau = 433,8 nm festgelegt. Die Maßeinheit Nanometer (1 milliardstel Meter) war nun möglich geworden, nachdem mit Hilfe der Spektralanalyse die Wellenschwingung des reflektierten Lichtes gemessen werden konnte. Die Physik (der Meßwert) war erneut oberstes Gebot.

Davon unbeeindruckt stellte Heinrich Frieling 1939 in seinem Buch *Die Sprache der Farben* sein Farbenfünfeck vor, das sowohl psychologischen als auch metrischen Ansprüchen genügen sollte. Bedingt durch die Unterbrechung der Kriegsjahre, erfuhr das Frieling-Fünfeck erst in den fünfziger Jahren seine Erweiterung und Vollendung als dreidimensionales Modell, als sogenanntes *Color-Activ-Fünfeck*.

Frieling geht dabei von fünf Grundfarben aus, da er dem Violett-Purpur-Bereich eine Eigenständigkeit einräumt. Wichtigstes Prinzip der Frielingschen Farblehre ist der Umstand, daß die Farben durch Mischung untereinander vergraut bzw. verhüllt werden und nicht einfach mit Schwarz, Grau und Weiß *(Unbuntverhüllung)*, wie es in den Systemen von Ostwald und Munsell der Fall ist.

Hier spielt der psychologische Aspekt eine wesentliche Rolle, denn wenn wir ein Gelb mit Blau und Violett vergrauen, bleibt es *lebendig*, ja erhält einen zusätzlichen Ausdruck, während Schwarz nur die Reinheit der Farbe abtötet, aber keinen anderen fühlbaren Aspekt einbringt.

Nach dem Prinzip der gegenfarbigen Verhüllung arbeitet die gesamte Natur. Alles, was unser Auge an sogenanntem Grün erblickt, sind bunt verhüllte Gelbtöne, verhüllt durch kurzwelliges Blau und langwelliges Rot, also Violett.

Alle so erzeugten Farben haben die Eigenschaft, die unterschiedlichen Färbungen des Tageslichtes mit einzubeziehen, so daß bei einer *bläulichen* Morgenstimmung das Grün frischer wirkt (weil eben der Blauanteil durch das Licht angesprochen wird), und ein milder Sonnenuntergang läßt das Grün *geborgen, moosig, dicht* erscheinen (durch die stärkere Betonung der Rotanteile).

Rundherum wäre die Frielingsche Farbenlehre, die ja aus der Tradition Goethes erwachsen ist, ein Ideal. Doch bringt sie in der industriellen Umsetzung größere Probleme, wenn es darum geht, zwei verschiedene Produkte durch verschiedene Hersteller gleich einzufärben. Hier wären komplexe Rezepturen nötig. Die Unbuntverhüllung (mit Grau oder Schwarz) ist wesentlich einfacher und preisgünstiger zu handhaben. So leben wir zwangsläufig in unserer selbstgebauten Kunstwelt aufgrund der zuvor beschriebenen Vorgehensweise in einer Farbqualität der zweiten Wahl.

Mit ausschlaggebend für unseren heutigen Stand der Farbmetrik ist die »Krönung« unserer Kunstwelt, das farbige Fernsehbild. Das Farbfernsehen arbeitet ausschließlich mit drei Farben und bildet daraus – je nach Auflösung – bis zu 16 Millionen Farbvarianten (EDV-Bildschirm).

Diese Farbfülle zu ordnen, hat sich das 1976 von der CIE beschlossene CIELAB-System zur Aufgabe gemacht. Am eindrucksvollsten in der hLC-Formel, die nun wieder ähnlich Ostwald in *Farbton*/Buntton (h = hue), *Helligkeit* (L = Lightness) und *Sättigung*/Buntheit/Chroma (C = Chroma) gliedert. Die heutigen Spektralphotometer und PC-Kapazitäten machen es möglich, ein Farbmuster innerhalb weniger Sekunden auf seine Spektralanteile zu untersuchen und diese in die visuell verständliche Farbsprache hLC zu übersetzen.

Der *Buntton* (h) oder Farbton beschreibt die Farbe wie Rot, Grün, Blau, Gelb und Violett usw. als Zahl zwischen 0 und 360. Die Numerierung ist bezogen auf die 360° des Kreises und verläuft gegen den Uhrzeigersinn. Sie beginnt mit 0/360° für Purpurrot in der »Drei-Uhr-Stellung«. Bei 90° (»Zwölf-Uhr-Position«) befindet sich ein reines Gelb. Kompensativ zum 360°-Purpurrot liegt bei 180° das Meergrün (»Neun-Uhr-Position«). Ultramarinblau ist kompensativ zu Gelb bei 270° (»Sechs-Uhr-Position«) plaziert.

Die *Helligkeit* (L) bezeichnet die Eigenhelligkeit einer Farbe. Weiß hat in einer Werteskala bezogen auf die maximale Helligkeit 100 Punkte, Schwarz hat demgegenüber null Punkte. Die *Buntheit* (C), vergleichbar der *Sättigung*, gibt den Grad der Intensität an. Bei gebräuchlichen Farben für den Lack-, Anstrich- und Textilbereich erreicht Gelb in der Regel beim Chroma Spitzenwerte von 90 Punkten und darüber. Es ist der höchste Wert, den eine Körperfarbe (nicht selbstleuchtend) erzielt. Im Blaubereich dagegen reichen die Maximalwerte kaum über 40 Punkte hinaus. Auch in der Helligkeit liegt Gelb mit rund 85 Punkten gegenüber Blau mit rund 40 Punkten klar in Führung.

Ver*hüllte* Farben wie Braun und Ocker sind im Chroma auf 20 und weniger Punkte reduziert. Die *Unbunten* wie Schwarz, Weiß und Grau haben hier null Punkte. Doch nun genug des Punktezählens:

Der Farbreigen beginnt

Da wir schon mehrfach über Polaritäten gesprochen haben, werden wir unseren Farbreigen mit der Achse Gelb-Blau beginnen, wobei wir uns zuerst der Farbe Gelb zuwenden.

Legen Sie sich wieder Ihr Blatt bereit und notieren Sie – möglichst wertfrei – alles, was Ihnen zu Gelb einfällt. Es können durchaus Gegensätze, Menschen und Tiere sein, die Sie mit dem Begriff *Gelb* in Verbindung bringen.

Nachdem Sie nun Ihre Gelb-Anmutungen Ihrem Zettel anvertraut haben, wollen wir Ihnen Erwiesenes und Wissen dazugeben, und Sie werden anhand Ihres schriftlich Fixierten feststellen, daß Ihnen die »Sprache der Farben« keineswegs so unbekannt ist, wie Sie möglicherweise zunächst angenommen haben. Wahrscheinlich haben Sie vielmehr ein Aha-Erlebnis, etwa so, wie wenn Ihnen Jahrzehnte nach der Schulzeit plötzlich etwas aus dem Biologieunterricht begegnet und eigentlich erst jetzt richtig Sinn ergibt.

Gelb und Blau –
die Achse des Gewichts

Dies ist die Achse des Abwägens von leicht und schwer, von hoch und tief, von hell und dunkel, ähnlich der Achse von Schwarz und Weiß, nur eben farbig und belebt, nicht farblos und leblos.

Gelb

3 . 6 . 97

Bei Gelb handelt es sich um die »hellste« Farbe im Doppelsinn des Wortes. Gelb ist neben Weiß die höchste, leichteste Farbe, was – bezogen auf das Denken – Leichtigkeit und Höhe, »Höhenflüge« bedeutet, eben leichtes Denken, einen »hellen Kopf«. Im Unterschied zu Weiß ist Gelb allerdings bewegter, aktiver, da es mehr Leuchtkraft und Intensität besitzt. Gelb ist Bewegung, Weiß Bewegungslosigkeit. Dieser Unterschied läßt sich heute mit moderner Meßtechnik (Spektralphotometrie) belegen.

Gelb ist die Farbe mit der größten Strahlkraft: die strahlendste, ausstrahlendste, unruhigste, beweglichste Farbe überhaupt. Ein »gelber« Geist wäre ein *leichter, unruhiger, beweglicher* Geist, aber auch ein »Leichtfuß«. Bezogen auf die vier Archetypen entspricht Gelb dem Temperament des Sanguinikers. Nach der Kretschmerschen Typenlehre ist es dem *leptosomen*, schlanken, beweglichen und leichtfüßigen Typus zuzuordnen. In der Märchenwelt ist dies der »Suppenkasper« oder der »Zappelphilipp«, und im Tierkreis entsprechen ihm die Luftzeichen.

Kein Wunder also, daß Gelb urbildlich dem Element *Luft* zugeordnet wird, dem luftig Leichten, dem gasförmig Schwebenden, dem Nicht-Greifbaren. Auch der Wind und der Himmel gehören hierher. Die frische Luft als »Sauerstoff« hat selbstverständlich eine andere Anmutung. Unter »gelber« Luft könnte man etwas Strahlendes, Vibrierendes verstehen, Luft, die Energie hat, geladen, gehaltvoll ist, bei der »etwas in der Luft liegt«, man denke nur an den gelben Himmel vor einem Gewitter. Aus einer gelb gestrichenen Leitung erwartet niemand Sauerstoff, im Gegenteil – hier ist die Farbe ein Hinweis auf die *leichte, bewegliche, energiegeladene, nicht faßbare Materie*, wie Gas (»giftgelb«), Elektrizität, eben alles, was in der Luft liegt, nicht greifbar ist, sowohl im positiven wie im negativen Sinn.

Gelb steht aber auch für »geistiges Gut«, Information und Kommunikation im weitesten Sinne: für Telepathie, Gedankenübertragung, Nachrichtenübermittlung, für das ganze Post- und Nachrichtenwesen. So ist das Postgelb die ideale Farbe für eine derartige Institution. Hier steht die Farbsprache mit dem, was ausgedrückt werden soll, voll im Einklang, und zwar eindeutig und nicht zweideutig wie beim »Tele-Magenta«, das nicht umsonst Proteststürme ausgelöst hat. (Das ist übrigens ein typisches Beispiel für die Verwechslung von allgemeinverständlicher Farbsymbolik mit geschmäcklerischer Trendbeflissenheit.)

Astrologisch paßt hierher die Beschreibung des Planeten Merkur und des Gottes Merkur, des »Götterboten«! Wieder geht es um Nachrichtenübermittlung, eben jener, die aus der »Luft« oder von »Gott« kommt. Auf jeden Fall nichts Greifbares, sondern freies, bewegliches, geistiges Gut. Gelb symbolisiert auch die Intuition, die Idee und Findigkeit, den Geistesblitz, den freien Geist, den Freidenker (»die Gedanken sind frei«), die *Freiheit* schlechthin.

Zu *frei* gehört auch das »Freiwild«, und man denke in diesem Zusammenhang nur an den »gelben Stern« der Nazis und den »gelben Ring«, der für dieselben Zwecke schon in der spanischen Inquisition Anwendung fand, wo sich die Glaubens-*freien*, Andersartigen und Andersdenkenden – also alle Nichtchristen und Nicht-Papsttreuen – durch einen gelben Ring auf der Kleidung auszuweisen hatten.

Wo das Wort »frei« auftaucht, ist der »Neid« der anderen nicht weit. Dies ist ein Grund, Neid in Verbindung mit Gelb zu bringen. Die Redewendung »gelb und grün werden vor Neid« erinnert daran.

43

Nicht umsonst liegt derzeit die Farbe Gelb wieder im Trend, in einer Zeit, in der es überall heißt: »Mit neuen Ideen, mit einem findigen Geist, mit Spekulationen kommst du weiter.«

Findigkeit, Beweglichkeit, Offenheit, Großzügigkeit, Leichtigkeit umschreiben die positive Seite des Gelb. Aus negativer Sicht verkehrt sich die Leichtigkeit in Leichtsinn, die Großzügigkeit in Schlamperei, die Beweglichkeit in Unruhe. »Der hat den Boden unter den Füßen verloren« könnte genauso für das Gelb gesagt werden – eben dem Gegenpol zum Blau, der festen, sicheren, bodenständigen Farbe.

Bevor wir uns, wie immer bildlich gesprochen, dem »Boden«, der *Tiefe, dem Grund* der Farbwelt, dem Blau zuwenden, wird es Zeit, Ihre eigenen Notizen zur Farbe Gelb heranzuziehen …

… und wenn Sie nun vergleichen, werden Sie unter Umständen manches finden, was auf den ersten Blick überhaupt nicht zu passen schien, wenn bei Ihnen z. B. der Name des quirligen Nachbarjungen steht, dann haben Sie ja Ihren »Zappelphilipp« bereits gefunden, und natürlich ist »Papageno« auch gelb und erst recht seine Arie. Wenn Sie dies nachvollziehen können, haben wir gemeinsam den Zugang zu Ihrem Farbsprachzentrum geöffnet, und wir können nun daran gehen, eine weitere Tür behutsam zu öffnen.

»Blau«, Urblau, Indigo: Das wird Ihr zweiter Schritt im Farbreigen sein – bzw. das Losungswort, welches wir Ihnen für Ihren Notizzettel mitgeben, und so sind wir gemeinsam gespannt, was jetzt wohl aus Ihrer »Feder« fließt.

Wenn Ihr Gedankenfluß ins Stocken gerät, legen Sie Ihren Blaubeitrag beiseite, und widmen Sie die nächsten Minuten dem von uns Zusammengetragenen:

Blau (Indigo)

Von den Höhenflügen des Gelb, von der Freiheit, der Leichtigkeit, der Beweglichkeit, von oben nach *unten*, von leicht zu *schwer*, von hoch zu *tief*, von intuitiv zu *konkret*, vom »freien Geist« zum *logisch, rational, klar erfaßbaren* Denken, »zurück auf den Boden der Tatsachen«. Hier nimmt das Denken konkrete Formen an. Die Logik, die Vernunft, die Ratio, »der klare Menschenverstand« ist hier zu Hause.

Im Blau-Violett-Bereich stehen die Vollfarben in einer engen Verbindung zum Dunklen, zum Schwarz. Folglich wird hier alles schwerer, aber auch bestimmter, eindeutiger sein als beim lichtnahen Gelb. Die Leuchtkraft und die Helligkeit, folglich auch die *Vitalität*, sind dabei auf ein Minimum beschränkt.

Blau ist die Farbe der Ruhe, der Besonnenheit. Es strahlt nicht aus, sondern zieht sich zusammen, es *konzentriert, beschränkt sich auf das Wesentliche*. Es ist die Farbe des Bescheids (»blauer Brief«) in jeder Beziehung, der Unterscheidung, der Ordnung und Gliederung. Im Blau manifestiert sich das Feste, Konzentrierte, Sichere, Gebundene. Es veranschaulicht die Statik, die Solidität und sprichwörtliche Treue. Blau ist die Farbe der Beständigkeit und die Farbe des *Grundes*. Sie steht für alles, was mit diesem Wortstamm in Verbindung zu bringen ist.

Archetypisch liegt dem Blau das Element *Erde* zugrunde samt dem zugehörigen Temperament des tiefen, schweren Gemütes (des »Blues«), das wir seit Empedokles dem Melancholiker zuschreiben. In der differenzierteren Zwölferteilung äußert sich das melancholische Moment erst so richtig im Violett. Im Tierkreis finden sich die soliden, bodenständigen Erdzeichen wie Stier, Jungfrau und Steinbock im Blaubereich wieder.

Das Blau bezeichnet aber nicht nur das *Unten*, den »Boden der Tatsachen«, sondern auch die *Tiefe*, die Tiefe der Nacht, das »Nachtblau«, »die Königin der Nacht«, die lebendige Finsternis.

Dem Blau entspricht nicht die absolute, endliche, endgültige, festgefahrene Tiefe des Schwarz, sondern die *schimmernde Tiefe*, wie wir sie im Sternenhimmel finden. Mit dem »*silbernen* Mond« und den »*güldenen* Sternlein« wird sowohl die Kühle der Nacht, die Erholung, die Ruhe, die Bescheidenheit als auch das Schimmern, das »güldene« Leuchten nach innen angezeigt. Die Würde und Bürde der Tiefe des Indigo finden ihre höchste Stufe im »Königsblau!« Der englische Sprachraum weiß die Qualität des »Royal Blue« genauso gut einzustufen.

Blau/Indigo steht auch für die *tiefgründige Kraft* der Gedanken, für die Kraft aus der Tiefe der Erfahrung.

Während die Erläuterungen des Gelbs umfangreich ausfielen, kann die Beschreibung des Urblaus konzentriert und faktisch klar in kurzen, knappen Worten erfolgen. Finden wir im Gelb die Attribute der Vielseitigkeit und der Beweglichkeit, so entdecken wir im Blau die der Ruhe und der Besonnenheit. Und fehlt es dem Gelb an der Tiefe, die sich in Oberflächlichkeit, fehlender Konzentration und Leichtsinn ausdrückt, so mangelt es dem Blau an Höhe, an »unbeschwertem Elan«, der sich dann in Unbeweglichkeit und Nicht-improvisieren-Können, in kritischer Nüchternheit erkennen läßt.

Es ist das Denken, der freie und der konkrete Geist, der in dieser Achse seine größte Ausdrucksstärke findet. Die Analogie zum Planeten Merkur, der im Bereich der Astrologie dieses Thema symbolisiert, ist offensichtlich: »Ich denke, also bin ich!« Das *Wie* zeigen die vergleichenden Stichworte an:

GELB	BLAU
leicht	schwer
hell	dunkel
beweglich	statisch
frei	gebunden
nach außen	nach innen
extrovertiert	introvertiert
vielseitig	konzentriert

intuitiv	konkret
spekulativ	rational, logisch
leichtsinnig	schwermütig
hochstapeln	tiefstapeln
großzügig	bescheiden
beweglich	ruhig
Tag	Nacht

LUFT   ERDE

Sicherlich bedarf es inzwischen keiner großen Aufforderung mehr, daß Sie nun Ihre eigene Sicht des »Blauen« mit unseren Ergebnissen vergleichen.

Von den farbigen Urgegensätzen – von Hell und Dunkel – kommen wir jetzt zur farbigen Mitte: von der Idee im Gelb über den klaren Gedanken im Tiefblau (Ultramarin) zur Realisation in der kreuzenden Achse Rot/Grün.

Auch hier sind Sie wieder zum Mitmachen eingeladen – nur daß wir Sie diesmal bitten, das Ganze gleich polar zu betrachten, also Rot und Grün in der Gegenüberstellung zu »beleuchten«.

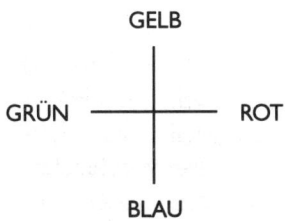

Abb. 4   Rot/Grün: die kreuzende Achse

Rot und Grün –
die Achse der Mitte

Spielt im Gelb/Bau das Leicht/Schwer, das Hoch/Tief, das Hell/Dunkel, also das Ungleichgewicht die wesentliche Rolle, so liegt hier in der Achsenbeziehung des Rot/Grün das Gleichgewicht. Beide Farben sind als gleich hell zu bezeichnen. Es gibt hier zwar kein Abwägen und Vergleichen von leicht und schwer, aber doch eine zweifarbige, polare, gegensätzliche Spannung und keine monochrome eintönige Mitte wie beim Grau. Rot/Grün bildet also die mittige Achse zu Licht und Finsternis, zu Tag und Nacht, es steht sozusagen für den Mittag.

Rot und Grün unterscheiden sich in ihrer Anmutung, in ihrer Erlebnisqualität deutlicher als unter farbmetrischen Gesichtspunkten – ganz im Gegenteil zu Blau und Gelb, wo Farbmessung und Empfindung deckungsgleich sind.

Rot ist wärmer als Grün

Was die Intensität des Chromas anlangt, sind die Unterschiede eher gering – ca. 50 Punkte bei Grün und 60 Punkte bei Rot –, und doch hat Rot eine ganz andere Ausstrahlung als Grün. Wo liegt der Unterschied aus der Sicht der Farbmetrik?

Wenn wir die Spektralanalyse bemühen, so fällt auf, daß Grün ein relativ schmales Band in der Mitte des Spektrums darstellt, sich also auch hier in der Mitte befindet. Rot dagegen hat seine Position am äußeren Ende des Spektrums, ja es dehnt sich sogar über das sichtbare Ende aus in den Bereich der Infrarot- und Wärmestrahlung bis hin zur gemütlichen Wärme eines Kachelofens oder unserer eigenen, lebensnotwendigen Körperwärme. Der Übergang von der eindeutig roten, 800 Grad heißen Glut über den warmen Kachelofen zu unseren 37 Grad ist kontinuierlich.

Grün als die Gegenfarbe liegt im temperaturneutralen Mittelfeld des Spektrums, während der Blaubereich als Kälte empfunden wird. Aus diesem Grund kombinieren die sogenannten »Heimsonnen« die *bräunende* UV-Strahlung mit dem *wärmenden* Infrarotbereich. Ohne Rotanteil, d. h. ohne Wärmestrahlung würde die Haut des Menschen bei zu langem Verweilen unter der bräunenden UV-Strahlung *frierend* verbrennen.

Rot hat die größere Strahlkraft = Aktivität und Dynamik. Diese Kraft ist jedoch nicht frei und ungerichtet, ja orientierungslos wie beim Gelb, sondern, da in der Mitte liegend, *zentriert und zielgerichtet*.

Das Grün dagegen zeigt sich zwar zielbetont, ist jedoch passiver. Es ist nicht so extrem gebunden in seiner statischen Unbeweglichkeit wie das Blau, sondern ausgleichender, ist die Passivität der Mitte, zentrierte Passivität.

Rot/Grün – die Achse der Mitte – schwingt also im Rhythmus von *aktiv* und *passiv*, als reale mittige Ebene zwischen oben und unten, zwischen hell und dunkel.

Bereits Aristoteles sah Rot und Grün zwischen den Urpolen Licht und Finsternis bzw. zwischen Gelb und Blau angeordnet. Ja er ging sogar noch weiter: Er begründete deren Existenz aus der *Urspannung* heraus. Rot, so Aristoteles, entstehe aus der gegenseitigen Steigerung der Urpole, Grün hingegen entstehe dann, wenn beide Extreme sich entspannend vereinigten (siehe Farbtafel V). Goethe hat auf diesem Denkansatz seine Farbenlehre aufgebaut, und vieles, was als der große Gegensatz zwischen *Fühlbarem* und *Meßbarem* angesehen wird, hat mit dieser Entstehungs- und Wirkungsart des Rot-Grün-Gegensatzes zu tun.

Im Laborversuch läßt sich die Theorie des Aristoteles mit einem blauen und einem gelben Farbfilter leicht beweisen: Die additive Mischung durch zwei Lichtquellen steigert die beiden Farben zum Roten, die subtraktive Mischung mit einer Lichtquelle entspannt sie zum Grünen.

Diese Vielzahl an Gemeinsamkeiten von Rot und Grün (gleich hell, gleicher Ursprung, etwa gleiches Chroma) und der daraus resultierende geringere Gegensatz führen zu einer völlig anderen Positionierung im urbildlichen Grundgerüst, als wir es vom Gelb-Blau-Gegensatz her kennen.

Finden im Blau/Gelb das Denken, die Theorie, die Idee ihre stärkste Ausdruckskraft, so sind im Rot/Grün das Handeln und die Praxis zu Hause. Hier geht es um das reale Tun im Rhythmus von aktiv und passiv. Und wieder finden wir uns bei Aristoteles* bestens belehrt: In seiner »Herzlehre« macht er deutlich, was damit gemeint ist, indem er die Frage beantwortet, wie lebendige Bewegung gedacht werden kann:

> Jeder Bewegung liegt ein Unbewegtes zugrunde!
> Kein Hebel ist denkbar ohne ein ruhendes Teil!
> Soll ein Glied sich bewegen, muß das andere ruhen.
> Wie die Achse des Rades,
> die Angel in der Tür,
> die Muschel des Gelenks.

Der ruhende Teil (Grün) liefert die Basis für den aktiven, handelnden Teil, damit ein gemeinsames Ziel erreicht werden kann. Die Analogie von Partnerschaft, von Polarität, von Einheit durch Zweiheit, von Herz und Seele, von Herzrhythmus, Herzschlag, von Ein- und Ausatmen wird deutlich und im weiteren auch von Aristoteles ausgeführt:

> Das absolut Ruhende gegenüber dem Bewegten …
> … der unbewegte Beweger!
> Die Seele regiert den Körper vom Herzen aus.
> Die Kraft, die das Herz antreibt, ist die Seele!

---

* Zitiert nach Franz Vonessen: *Signaturen des Kosmos*, Verlag Die Graue Edition, Zug 1992

passiv	aktiv
Seele	Herz
beseelt	belebt
ich	Ich

Dies pulsierende Zusammenspiel finden wir auch in den nachfolgend polaren Begriffen, die mehr durch Kausalität als durch Polarität bestimmt werden.

GRÜN	ROT
er-halten	halten
ver-arbeiten	arbeiten
verdauen	kauen
sichern	erobern
ziel-treu	ziel-orientiert
selbst-treu	selbst-bewußt

Es findet sich also eine Beziehung, eine Achsenbeziehung, die man auch als Tun im Sinn von »an einem Strang ziehen« umschreiben kann, d. h., Rot/Grün bilden die aktive und passive Achse des Farbweltbildes.

Beinhaltet das Rot die Analogie des Herzens, das ausstrahlende, pulsierende Element, so drängt sich zum Grün im Organvergleich der Magen auf, dem die aufnehmenden, verarbeitenden, sichernden und lebenserhaltenden Aufgaben zufallen. (Tatsächlich gibt es auch einen Zusammenhang zwischen der Vorliebe für Rot oder Grün einerseits und der Tendenz zu Herz- und Magenproblemen andererseits). Der Magen gilt als realer Vertreter gegenüber der Seele des Empfindens. Der Volksmund weiß. »Die Liebe (Rot) geht durch den Magen (Grün)« oder: »Das Herz des Hauses ist der Herd – und eigener Herd ist Goldes wert.« Die Glut in der Mitte des Ofens, das *Feuer*, die Wärme (Rot), wird also *gesichert* durch den Ofen (Grün). Typischerweise findet man in traditionsverhafteten Kulturen in der Weihnachtszeit, der kargsten, kältesten, dunkelsten Jahreszeit, die Farbkombination von Rot und Grün. Sie zeigt das Verlangen nach Herz und Seele, nach innerer Mitte, nach Wärme und Geborgenheit.

Eine Reihe von Assoziationen drängen sich nun förmlich auf:

Rot

Rot ist das Herz, die Sonne, die Mitte des Lebens, das Zentrum des Geschehens. Rot steht für Aktion, für Herzschlag, für pulsierendes Blut, für das Element *Feuer*. Rot verkörpert den aktiven, warmen Farbbereich. Die Sonne symbolisiert diesen Anteil des Farbkreises: real sichtbar (Licht) im Gelb bis real fühlbar (Strahlung/Wärme) im Rot. Alles, was mit Wärme und Hitze, was mit Feuer zu tun hat, assoziieren wir mit Rot: das »heiße Eisen«, »ein Eisen im Feuer haben«, (heiße) Liebe, das Leben, die Hitze, Wärme, Ausstrahlung, Aktivität, Tatkraft, Stärke, auch das Selbstbewußtsein. Das aktiv pulsierende, bewußte Tun findet hier statt. Zudem assoziieren wir mit Rot alles, »was uns am Herzen liegt«: Gold, unser »Goldstück« und den »Herzbuben«, Menschen und Dinge, die uns nahestehen. Im Rot sitzt über dem Herzen das Ich, das Ego: Hier bin ich zu Hause.

Als Negativtendenz, und in gesteigerter Form drücken sich im Rot überzogene Dominanz und Egoismus aus.

Archetypisch wird der Charakter des Cholerikers dem Rot zugeordnet. Im Tierkreis finden wir hier die Feuerzeichen: Allen voran den Löwen, den »*König* der Tiere«, den Fritz Riemann* treffend umschreibt: »in sich selbst zentriert – Mut zu sich selbst«. Der Löwe hält nicht zufällig in der Mitte des Jahres, im Hochsommer, in der heißesten Zeit »hof«.

* Fritz Riemann: *Lebenshilfe Astrologie*, Verlag J. Pfeiffer, München 1986

Grün

Grün ist der ruhende Pol zum aktiven, feurigen Part der Sonnenglut des Roten. Der Mond symbolisiert diesen Pol, samt dem Element des *Wassers*, als das wäßrige, lebensspendende Element, das Phlegma, die »Wachstumskraft«, wie sie Hildegard von Bingen beschreibt (*viriditas* = Grünheit). Aber es handelt sich eben um die passive Basis, um das Wachsen- und Gedeihenkönnen. Kandinsky vergleicht das Grün mit einer »trägen Kuh, die auf der Wiese liegt und widerkäut«. Damit ist so ziemlich alles beschrieben, was Grün ausmacht: erst einmal die Passivität in Form von »träge« und »liegt«; das vitale Moment von »widerkäut«, das hier in siebenfacher Form (die sieben Mägen der Kuh) das Verdauen und Verarbeiten demonstriert; und dann das sichernde Element in Form der Kuh selbst, die mit ihrem Euter das wäßrige, flüssige, nährende, urmütterliche Symbol verkörpert, die Pflanze und zu guter Letzt das Blattgrün. Das Grün verdeutlicht ebenjene Sicherheit, die vom flüssig nährenden Element Wasser herrührt, und steht im Gegensatz zur Sicherheit, die vom Statischen, »dem festen Boden unter den Füßen«, der »Mutter Erde« kommt.

Von der Natur, vom Pflanzenwachstum aus betrachtet, das ja in der Farbigkeit vom Weiß der Knospe über das gelbliche Maigrün bis zum saftigen *Blattgrün* reicht, ist hier der Endpunkt oder das Stadium erreicht, wo die Pflanze die *sichere Basis* für Blütenstand und Fruchtbildung, für die Fortpflanzung im allgemeinen liefern kann. So wird dieser Farbe in Befragungen immer wieder Solidität, Ruhe, Neutralität, Sicherheit zugeordnet, denn im Unterbewußtsein versteht jeder die Sprache der Farben. Erinnern wir uns an »das grüne Band der Sympathie«, bei dem die Sicherheit überhaupt nicht erwähnt zu werden braucht, sie wird ja »farblich« übermittelt.

In der Wiederaufbauzeit nach dem Kriege war Grün eine der beliebtesten Farben. Heute rangiert sie in der Beliebtheitsskala weit hinten. Primäre Sicherheit, das heißt Grundversorgung (Essen und Trinken), ist heute kein zentrales Thema mehr.

	GRÜN	ROT

GRÜN   ROT

GRÜN	ROT
passiv	aktiv
beseelt	belebt
empfinden	fühlen
leise	laut
gelassen	erregend
devot	stolz
Mond	Sonne
bewahren	erstreben
Erinnerung, Tradition	hier und jetzt
erhalten	erkämpfen
erblassen	erröten

WASSER   FEUER

Der Flimmerkontrast

Das Zusammenspiel von Rot/Grün als pulsierender Rhythmus wird im Phänomen des Flimmerkontrastes deutlich (vgl. Farbtafel III). Das »bescheidene« Grün neben dem »feurigen« Rot gleichgewichtig in Streifen aufgereiht. Das Auge weiß nicht, worauf es sich einstellen soll, es entsteht ein Kampf, ein Hin und Her oder ein pulsierender Rhythmus.

Hier spielt uns vor allem die unterschiedliche Fern-nah-Einstellung des Auges auf bestimmte Farbbereiche einen Streich: Das Auge ist für den Blau-Grün-Bereich fernsichtig, für den Orange-Rot-Bereich dagegen nahsichtig. Werden nun beide Farben gleichzeitig angeboten, weiß das Auge nicht, worauf es sich einstellen soll. Es kommt zum Akkommodationsproblem.

Ist das Grün scharf eingestellt, verschwimmt das Rot, sehen wir das Rot scharf, verschwimmt das Grün, und unser Sehzentrum ordnet erneut die Korrektur an. Dieses setzt sich so lange fort, bis uns schwindlig wird und wir den Blick abwenden. Es ist derselbe Vorgang, wie er vom Diaprojektor oder Fotoapparat mit Autofokus bekannt ist, die immer dann Einstellungsprobleme haben, wenn ein Fernziel (z. B. ein Gebäude) und das davorstehende Nahziel (z. B. eine Person) gleichzeitig scharf abgebildet werden sollen.

Das Beispiel des Flimmerkontrastes weist uns gleichzeitig auf den richtigen Umgang und die Gefahr mit dieser aktiv pulsierenden Farbigkeit hin: Es zeigt auf, wieviel Grün und wiewenig Rot ausreichen, um Spannung in ein Bild oder eine Gestaltung zu bringen. Denken Sie nur an einen Vergleich aus der Natur: der rote Mohn auf einer endlos grünen Wiese, die roten Erdbeeren und Kirschen inmitten von viel grünem Blattwerk. Übertragen in Farbsymbolik oder Lebensphilosophie lehrt es uns, darauf zu achten, wieviel Grün und wieviel Rot wir ertragen oder verkraften können.

Um die Strahlkraft des Rots ertragen zu können, braucht es sehr viel Grün oder eine andere ruhige Farbe als Ausgleich. Dies ist ein wichtiger Punkt in der Farbgestaltung.

Nur in Kombination mit Schwarz kommt Rot noch stärker zum Leuchten als in der Gegenüberstellung zu Grün. Dort erhält dann das Rot die Alleinherrschaft, der Ausgleich fehlt. Es geht nicht mehr um ein Zusammenspiel, sondern um eine einseitige Kraft und Dominanz, die durch das Schwarz noch verstärkt wird: einseitige Mitte, der Widerspruch in sich. Der Ausgleich, die Ruhe, die Basis, der sichere Pol fehlen, und hier sind wir nun schon mitten in der Farbpsychologie, in der Bedeutung oder in der Eigendynamik der Farben. Doch bevor wir fortfahren, um in neue, weitere Gefilde der Farbe vorzustoßen, sollten Sie Ihre eigene Einstellung zum Rot/Grün anhand Ihrer Notizen vergleichen.

Von vier zu zwölf Farben

Wir haben die vier urbildlichen Farben in Kreuzform dargestellt (Abb. 4). Nun wollen wir jede der vier Farben durch zwei verwandte Vollfarben ergänzen. Auf diese Art gelangen wir zu einem Farbkreis, bestehend aus zwölf Vollfarben. Durch die Mischung mit der Nachbarfarbe ändert sich neben dem Farbton auch die psychologische Bedeutung entsprechend ihrer Ver*färbung* (siehe Abb. 5 und Farbtafel IX).

Die Farbachse Rot/Grün wird jeweils durch eine Gelb- und Blauvariante ergänzt, also ein gelbanteiliges Rot oder Rotorange und ein bläuliches Rot oder Purpur, sowie Gelbgrün und Blaugrün. Die *Färbungen* in Richtung Gelb und Blau zeigen an, wohin die Aussage der veränderten Nuancen geht. Mit dem Gelbanteil gerät das *Feuer* des Rots durch den hellen, beweglichen *Luft*anteil in Bewegung, und die Aussage erhält so entsprechend eine neue *Tönung*.
Sinngemäß verändert sich die Aussage des Rots, wenn das *Feuer* einen Anteil vom Blau bekommt, folglich g*eerdet* wird und einen Teil der ruhigen besonnenen Nachtseite erhält. Es wird ver*tieft*, tendenziell nachdenklich, idealler und intellektueller.
Auch beim Grün entsteht eine geistig-sinnliche Variante, das Blaugrün, sowie eine vitale, bewegliche Nuance, das leuchtende Maigrün. Innerhalb des Kreises bildet sich so über und unter der Handlungsachse des Rot/Grüns eine *vitale* (gelbanteilige) und eine *geistig intellektuelle* (blauanteilige) Ebene.
Umgekehrt geschieht es mit der Achse des Blau/Gelbs. Diese erhält über den *Feuer*anteil des Rots eine aktive Variante und über den *Wasser*anteil des Grüns eine *passive* Note.
Was bedeutet dies für das Gelb? Beim Rotgelb (Orange) ist die Folgerung denkbar einfach. Der kommunikative Akzent des Gelbs kommt durch den *Feuer*anteil des Rots in Gang; das Gelb, die Kommunikation, wird *aktiv*, und dies bedeutet reden, sich mitteilen. So ist Rotgelb oder Orange die anregendste Farbe im Farbkreis über-

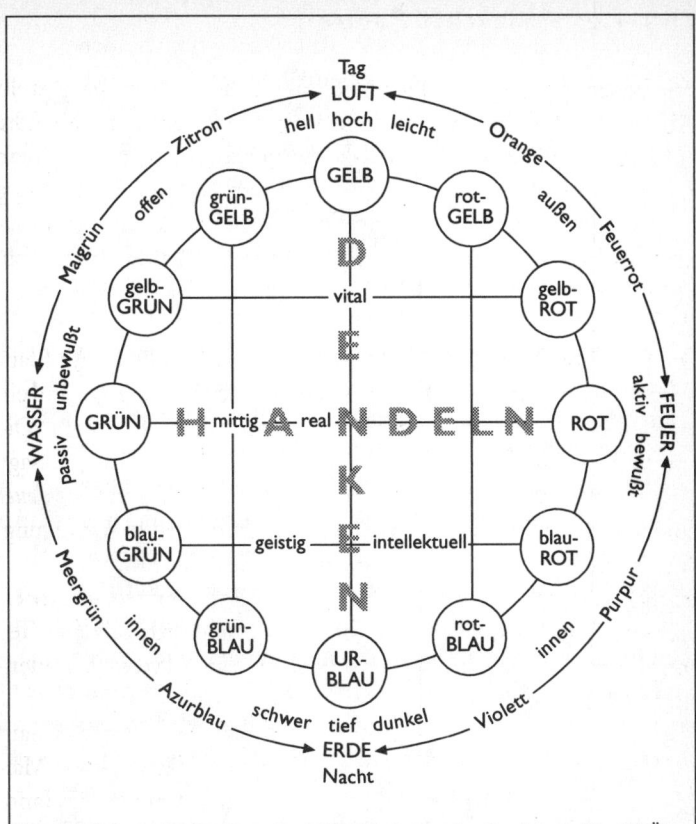

Die Adjektive in den Kreisen zeigen die Veränderung der Qualität an. Blau-GRÜN, also ein blauanteiliges Grün, ist mehr zur Tiefe orientiert, ist tiefgründiger als ein reines Grün. Gelb-GRÜN, ein gelbanteiliges Grün hingegen, das den Anteil des Sonnigen, Hellen, Leichten in sich birgt, tendiert zur Höhe, zur Beweglichkeit.

Abb. 5   Die Energieverteilung der einzelnen Farbqualitäten

Die Adjektive in den Kreisen zeigen die Veränderung der Qualität an. Blau-GRÜN, also ein blauanteiliges Grün ist mehr zur Tiefe orientiert, ist tiefgründiger als ein reines Grün. Gelb-GRÜN, ein gelbanteiliges Grün hingegen, das den Anteil des Sonnigen, Hellen, Leichten in sich birgt, tendiert zur Höhe, zur Beweglichkeit.

haupt. Wie sieht es nun auf der anderen Seite beim Grüngelb oder Zitron aus? Hier kommt zum farbpsychologischen Aspekt des Grüns noch eine weitere Komponente hinzu, und zwar der Helligkeitsaspekt. Wir assoziieren sofort Säure und Frische. Woher kommt diese Anmutung? In der Differenzierung ist das Grüngelb bzw. Zitron also noch leichter als das Sonnengelb. Ist Sonnengelb die strahlendste, leuchtkräftigste Farbe im Kreis, so ist Zitron die hellste. Hier ist der höchste Punkt im mehrdimensionalen Farbraum (vgl. Kapitel 3) und somit der dem Himmel nächstgelegene Punkt. Zitron hat ja einen Anteil Weiß, der hellsten Erscheinung im Farbbereich; Gelb dagegen hat seine Hauptanteile von der »kraftvoll« strahlenden Sonne. Das Zitron setzt sich also aus den Komponenten Kommunikation, Leichtigkeit, Helligkeit und dem wäßrig Fließenden, Passiven (Grün) zusammen. Assoziation wie Frische, Unbeschwertheit, Haltlosigkeit entstehen. Hier ist der richtige Ort für Neues, für Neubeginn, für Erneuerung (man denke nur an die Farbe eines Keimlings, der – unterstützt durch die Dynamik seiner Form – mit Energie aus der Erde sprießt!).

Polar dazu ist das dunkelste Blau mit Rot-/*Feuer*anteil, das Violett, noch dunkler als das Urblau, und liegt auf dem dunkelsten Punkt im Kreis. Violett bedeutet die Verschmelzung von Vernunft (Blau) und Herz (Rot). Das an sich schon g*eerdete* Blau wird noch *tiefer* und *schwerer*, jedoch zugleich *bewegender*. Der Rotanteil, das Ego, wirkt tief und schwer. Bewegende Anmutungen wie Melancholie, aber auch Meditation, Zurückgezogenheit, Konzentration auf das Wesentliche gehören hierher. Im Pflanzenvergleich liegt hier das Samen, der in der Erde ruht.

Dagegen werden bei der grünanteiligen Variante des Urblaus/Indigos, dem Grün- oder Cyanblau, Anmutungen wie Azurblau und Meerblau wach, und diese kommen nicht von ungefähr. Begriffe wie Azur und Meer haben fast immer mit Entspannung, Erholung und Ruhe zu tun. Hier sind wir am passivsten Punkt des Kreises. Die an sich schon statischen, reglosen Momente des schweren, dunklen Indigos werden noch gesteigert durch den phlegmatischen

Anteil des Grüns; wir erhalten die Botschaft der totalen Ruhe, der Ent*spannung*, des Nichtstuns. Grünblau ist die ruhigste Farbe überhaupt. Wer diese Farbe ablehnt, ist ein Hektiker, ein von Streß geplagter Mensch, der sich keine Verschnaufpause gönnen kann, weil er glaubt, er würde sonst etwas verlieren. Daß er durch diese Handlungsweise wirklich etwas verlieren kann – nämlich sein Leben –, entgeht ihm meistens in der Eile. Wer wirklich leben und nicht bloß dahinvegetieren will, sollte eines bedenken: Um als Mensch zu existieren, bedarf es sowohl der *Ent-* als auch der *An*-Spannung, des Antriebs.

Dieser kurze Abriß über den zwölfteiligen Farbkreis gibt uns bereits einen wesentlichen Einblick in die Wirkungskreise der Farbe und wie diese als Symbolsprache zu verstehen ist. Im nächsten Kapitel gehen wir dann systematisch durch den Farbkreis im bereits bewährten Wechselspiel der Polaritäten und geben dabei ausführliche Beschreibungen der zwölf Vollfarben.

Durch nichts läßt sich eine Eigenschaft besser herauskristallisieren als durch ihren Gegensatz, der doch gleichzeitig auch etwas Gemeinsames hat. *Plus* gehört zu *Minus*, wie der *Tag* zur *Nacht*, wie der *Winter* zum *Sommer*, wie der *Mann* zur *Frau*, wie die *Sonne* zum *Mond*. Erst die Polarität bildet die Einheit oder Gesamtheit. In ihr stehen auch die gegenpoligen, gegensätzlichen Farben in einer Beziehung, sie enthalten ein gemeinsames Oberthema. Wir erinnern uns an die bereits genannte Achse von *Blau/Gelb*, wo – bedingt durch das Thema von oben/unten, von hell/dunkel, von leicht/schwer – das *Gewicht*, das Ab*wägen*, das Denken eine Rolle spielt, während zur *Rot/Grün*-Achse das Wechselspiel, von aktiv/passiv, das *Hand*eln und die Fein*motorik* gehören.

Doch bevor wir uns weiter in die Farbwelt vertiefen, bedarf es noch einer wichtigen Begriffsdefinition in der Unterscheidung von Material- und Symbolfarbigkeit.

Symbolfarbigkeit und Materialfarbigkeit

Am Beispiel der vier Elemente läßt sich der Unterschied wunderbar zeigen. Real betrachten wir die *Erde* in den Farben von Rotbraun über Ocker bis zu den Olivtönen – den »Biofarben« (Materialfarben). Doch als Element in dessen Symbolkraft innerhalb der Farbwelt, als der *sichere, feste Grund*, entspricht die Erde den tiefen, dunklen, in sich zurückgezogenen, festen, bergenden Farben des Blaubereichs (Symbolfarben).

Das blau schimmernde Wasser dagegen ist ja nur in seiner visuellen Erscheinung blau. Seinem Wesen, seiner Symbolhaftigkeit nach vertritt es einen ganz anderen, jedoch angrenzenden Farbbereich. Wie bereits beschrieben, steht das *Wasser* für das aufnehmende, nährende, *lebensspendende* Element, das innerhalb des Kreises das Grün bzw. die Grüntöne – die *Mutter Natur* – verkörpert.

Nicht anders als mit Erde und Wasser ergeht es uns bei der vermeintlichen Symbolik der *Luft*, die sofort jeder mit Sauerstoff assoziiert. Gemeint ist jedoch das *luftig leichte Element*, das innerhalb der Farbsprache den Platz der Gelbtöne einnimmt.

Die *wärmende* Sonne zeigt sich in den Farben von Gelb bis Rot, doch in ihrem Wesen gehört sie dem Element des *Feuers*, dem Rot, an. Ähnlich ist es beim Gold: Real sehen wir es als goldgelb, doch im Wesen des Goldes repräsentieren sich sämtliche Attribute des Rots. Interessanterweise verändert sich in der Glasschmelze, wo für edles, mundgeblasenes Glas Edelmetalle verwendet werden, das Gold in Rot bis Magenta. Und wenn wir das Blattgold durch*schauen*, erkennen wir das Rot.

Ein weiteres Beispiel, das die Natur uns bietet, ist die Farbigkeit beim Pflanzenwachstum: Beim Weiß oder Grüngelb des Keimlings beginnend, steigert sich die Farbigkeit der heranwachsenden Pflanze bis zum bekannten saftigen Blattgrün. Hier ist das Grün auf der Höhe seines Ziels angelangt, vordergründig ist nun alles erreicht, eine *solide Basis* (Symbol- und Materialfarbigkeit sind hier noch voll im Einklang), die Voraussetzung für Blütenstand und Fortpflan-

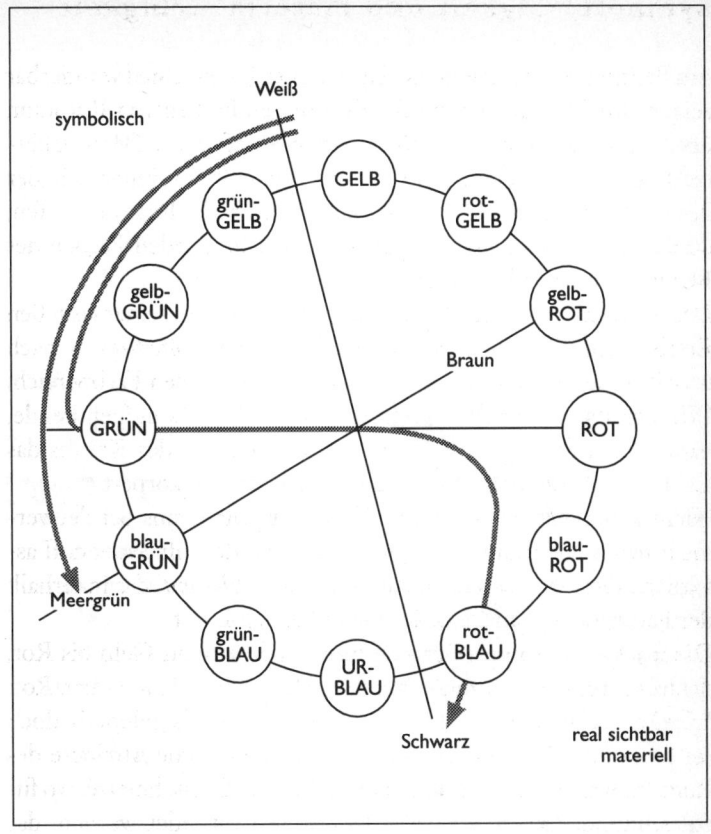

Abb. 6 Der Weg der Pflanze

zung. Doch was passiert danach, nachdem sie Blüten und Früchte getragen hat?

Die Pflanze verwelkt, bildet sich zurück. Optisch für uns sichtbar, verwandelt sich die Farbigkeit in Braun, und die Pflanze stirbt. Doch was passiert im *wesen*tlichen? Sie bildet sich zurück, zieht ihre Kräfte zurück in den Erdboden, in die Wurzeln, um im nächsten

Frühjahr nach einer Winterpause erneut zu beginnen. Dieser Prozeß findet im analogen Vergleich der Farben im Blaugrün/Meergrün statt, nicht im Braun. Braun ist nur das, was wir vordergründig, real, materiell bezogen sehen. Die höhere Idee, die dahintersteht, das *In-sich-Zurückziehen*, das *Zurück-zu-den-Wurzeln-Gehen*, findet farbsymbolisch im *Blaugrün* (der vergeistigten Variante des Grüns, des Wachsens und Gedeihens) in der Ver*inner*lichung statt. Von *Mutter Natur* (Grün) geht es zurück zu *Mutter Erde* (Blau), einer höheren Idee folgend. Dies zeigt uns doch in wunderbarer Weise, daß das Sterben, wie wir es real sehen, nur eine Sicht und nicht die einzige Wahrheit ist.

So steht das Meergrüns farbpsychologisch für die *Wandlung*; für das Loslösen von materiellen Werten, für die Verinnerlichung, Vertiefung von Erfahrung.

Es ist nun nicht so, daß Braun kein Thema für die Farbpsychologie wäre. Im Gegenteil: Das Beispiel zeigt ja gerade an, wo *Braun* seine Kompetenz aufweist, nämlich im vordergründigen, realen, materiellen, *zweckdienlichen*, elan-gebremsten Bereich, der nicht frei, sondern an Normen *gebunden* ist (hier am Beispiel der Natur, der Jahreszeit). So passen zum Braun Aussagen wie Verwurzelung, Eingepaßtsein, Einsicht in die Notwendigkeit, eben das Verständnis für Bindungen an Gesetzmäßigkeiten. Während die *Voll*farbigkeit die reine, »unverdorbene« Energie, die frei vitale Wesenhaftigkeit anzeigt, finden wir in allen schwarz*verhüllten* Farben, *gebundene, unfreie, avitale* Energie.

Symbolsprache ist Analogiesprache. Es ist eine vergleichende, eine »Gleichnis«-Sprache. Basis aller Symbolsprachen bildet die *ur*alte Vierelementenlehre. Sie ist ein wichtiges Bindeglied zur Vernetzung der einzelnen *Sondersprachen*, wie z. B. Astrologie, Chirologie (Handlesen), Irisdiagnose, Graphologie, ja sogar der Laute, der Musik etc., die wie auch die Farbwelt ein in sich geschlossenes System, ein Abbild des Kosmos darstellen.

Das Erkennen der Wesenhaftigkeit einer Farbe bzw. eines Symbols ist das Geheimnis. Es geht nicht unbedingt um das, was wir sehen,

sondern um das, was sich dahinter verbirgt. Oder mit Lao-Tse gesprochen: »Das Wesen des Rades sind nicht die Speichen, sondern
ihre Zwischenräume.«

Männlich – weiblich

Ein wichtiger Aspekt im Zusammenhang mit dem Thema Wesenhaftigkeit ist die natürliche Gliederung von Farbbereichen in
»männlich« und »weiblich«. Hier gibt es immer wieder Mißver-
ständnisse (ähnlich wie bei der Verwechslung von Luft als Sauerstoff und Luft als Symbolelement) und Empörung, wenn wir in Vor-
trägen und Seminaren davon sprechen, daß Grün eine »weibliche«
und Rot eine »männliche« Farbe sei, oder noch schärferen Protest
beim Vergleich dieser Eigenschaften mit aktiv und passiv. Vor allem
Frauen, die im Berufsleben »ihren Mann stehen« und mit *Mütter-
lichkeit, Heim* und *Herd* nicht mehr viel zu tun haben, wollen diese
Zuordnung nicht gelten lassen. Diese sind aber gerade der Beweis
für die Richtigkeit dieser Einordnung. Nur aufgrund der Tatsache,
daß sie ihre ureigene, männliche Seite leben (eben das, was gemeinhin dem männlichen Part, dem Kämpfer, dem Jäger, dem Eroberer
zugeschrieben wird), wollen sie den Gegenpol – das Ruhige, Bewahrende – nicht als das *Weibliche* schlechthin gelten lassen.
Für sie gilt: Wer anstelle der nach innen gerichteten, introvertierten, mütterlichen Versorgerrolle die extrovertierte, nach außen gerichtete Kämpferrolle einnimmt, kann sich mit dem mütterlich
Weiblichen des Grün nicht identifizieren. So wie Wärme und Kälte, Tag und Nacht, Winter und Sommer eine Einheit bilden, so
stellt sich auch das Individuum Mensch als Einheit dar, in der männliche und weibliche Elemente ebenso wie extrovertierte und intro-
vertierte und viele andere enthalten sind. Logischerweise ist die
Verteilung der Anteile nicht gleich. Es gibt beim einen mehr, beim
anderen weniger männliche oder weibliche Komponenten.
Natürlich kann aufgrund dieser Aspekte nicht vorschnell auf etwai-

ge Farbbevorzugungen der beiden Geschlechter geschlossen werden. So soll auch nicht behauptet werden, daß z. B. Männer Rot bevorzugen und Frauen vorrangig zu Grün tendieren. Interessanterweise ist nämlich gerade das Gegenteil der Fall. Die Mehrzahl der Männer bevorzugt das – dem weiblichen Prinzip zugeordnete – Ultramarin, während die Frauen mehr dem »männlichen« Rot zugetan sind. Dabei ist es so, daß man meist genau das mag, was man nicht hat. Man denke nur an die farbenfrohe Kleidung der Frau und die nach innen gerichtete, gedeckte Farbigkeit des Mannes.

Untersuchen wir einmal, was uns die Sprache über das weibliche bzw. mütterliche und das männliche bzw. väterliche Prinzip verrät. Begriffe wie Mutter *Natur*, *Nähr*mutter, *Gebär*mutter, Mutter *Erde*, Mutter*instinkt* zeigen die Ausstrahlung des Weiblichen bzw. des Mütterlichen an. Hier verkörpert sich das Nährende, Aufnehmende, Bewahrende, Sichernde, Geborgene, das innerhalb der Farben der Grün-Blau-Bereich ausdrückt und innerhalb der Planeten der Mond, *la luna*, die Königin der *Nacht*, die *Mond*göttin (die das *Erd*- und *Wasserelement*, die Feuchtigkeit, Ebbe und Flut regiert). Polar gegenüber finden wir die Sonne, das Gold, den Tag (das *Licht*- und *Feuerelement*), das Aktive, Kämpferische und innerhalb der Farben den Gelb-Rot-Bereich als Symbole des Männlichen. Begriffe wie Sonnen*gott*, *Vater* Sonne, Gott*vater* zeugen hiervon. Und auch *Vater*land, Vater *Staat* und in der Assoziationsfolge die *Obrigkeit* gehören zum männlichen Prinzip.

Erwähnenswert sind hier auch die *Hochs* und *Tiefs* der Meteorologen und die eigentlich überflüssige, ja beinahe lächerlich anmutende Diskussion über die Ungerechtigkeit, daß immer die »Tiefs« mit weiblichen und »Hochs« mit männlichen Namen versehen werden. Feuer und Wasser vertreten die rechte, *aktiv männliche* Seite und linke, *passiv weibliche* mit ihren Mittenachse in *Rot* und *Grün* und den Differenzierungen durch oben und unten, durch Luft und Erde, durch *leicht* und *schwer*, durch Gelb und Blau.

Die *goldene* Sonne umspannt dieses Kreissegment vom Gelb in ihrer Eigenfarbigkeit bis zum Rot in ihrer Symbolhaftigkeit. Sie be-

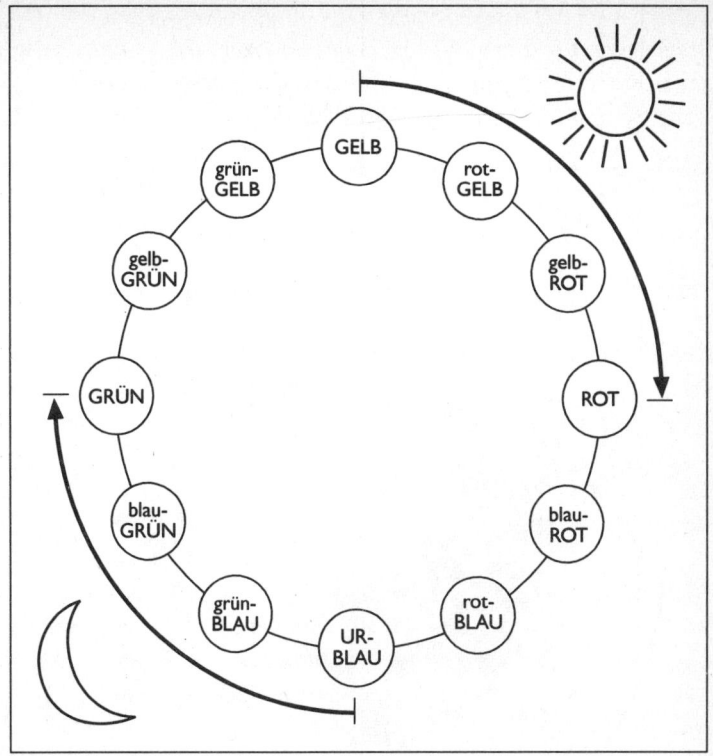

Abb. 7   Der Bereich von introvertiert und extrovertiert

schreibt den der Sonne entsprechenden, nach außen gerichteten, beweglichen, extrovertierten Bereich. Auf der Gegenseite reicht der *silberne* Mond vom Blau in seiner Eigenfarbigkeit bis zum Grün in seiner Symbolfarbigkeit. Er umschreibt den nach innen gerichteten, ruhenden, introvertierten, passiven Bereich (vgl. Abb. 7).
In den Farbkreis läßt sich nahtlos die Figur des Yin und Yang integrieren. Deutlich wird hier, daß so die Hauptfarbigkeit des Aktiv/Passiv sich im Gelb-Rot- bzw. Blau-Grün-Bereich abspielt. Der

Bereich des Übergangs, an dem aktiv und passiv verschmelzen, der Bereich von Rot/Blau und von Grün/Gelb wird durch dieses Schema sichtbar. Ein Symbolbild fügt sich harmonisch in das andere, beide Systeme ergänzen sich (vgl. Abb. 8).

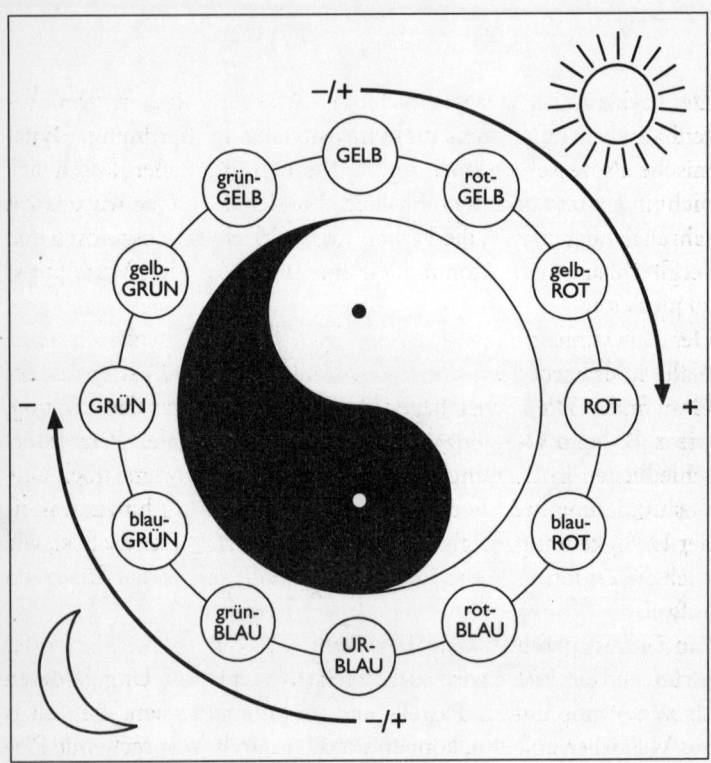

Abb. 8   Die Entsprechung von Yin und Yang im Farbkreis

3 Der mehrdimensionale Farbraum

Der Farbkreis ist die symbolische Vereinfachung einer in ihrer Wesenhaftigkeit mindestens dreidimensionalen Farbordnung. Dynamische Prozesse wie hoch und tief, innen und außen lassen sich nicht in ein und derselben Flächen abbilden. So haben wir uns vor Jahren darangemacht, die Farben aus der Fläche herauszulösen und vergleichbar einem Atommodell um einen neutralen Mittelpunkt zu plazieren.

Der mehrdimensionale Farbraum basiert auf der psychologischen Nähe einer Farbe zum »neutralen« Ich, das sich als Mittelpunkt im Grau findet. Die Farben liegen sternförmig in Spektralanordnung, wie z. B. beim Ostwaldkreis oder bei der CIE-Tafel. Zur unterschiedlichen Entfernung vom *Ich-Punkt (Grau)* kommt noch eine Positionierung in *leicht* und *schwer* bzw. *hoch* und *tief* hinzu, was einer Helligkeitsangabe gleicht, jedoch nicht damit identisch ist, wie auch die Entfernung zum Grau-Punkt Ähnlichkeiten zur Sättigung aufweist.

Ein *Gelb* ist gefühlsmäßig *höher* und *schwebender* als ein Rot oder Grün, und ein *Violett* wird auch von farbsystematisch Ungebildeten als *schwer* empfunden. Pastell- und Verhüllungsfarben, die sich ja aus Vollfarben ableiten, können sich hier durch entsprechende Plazierung sinngebend in den Raum hinaus- bzw. hineinbegeben. Das heißt, die Pastelle, die ja durch weiß aufgehellt – in ihrer Qualität verdünnt, geschwächt – werden, *entschweben*, die Farbe fliegt davon, sie bewegt sich von der Ausgangsfarbe weg in den fiktiven Raum hinaus, hier in die Höhe. Die Verhüllungsfarben wie Oliv, Ocker etc., die ja mit Grau oder Schwarz ver*hüllt* – in ihrer Qualität herunter- oder zur Mitte gezogen – werden, bewegen sich von ihrer Ausgangsposition entsprechend in die Tiefe oder Mitte des Raums.

Die Auswahl und Anzahl der Vollfarben basiert auf den symbolischen Gegebenheiten, wie wir sie im ausgehenden 20. Jahrhundert vorfinden und wie wir sie durch vieltausendfache Testerfahrung mit dem Frieling-Test, dem aus Ungarn stammenden Nemcsics-Auswahlverfahren und unserem Wohnfarbtest bestätigt finden.

Der »mehrdimensionale Farbraum« wurde 1987 – anläßlich des

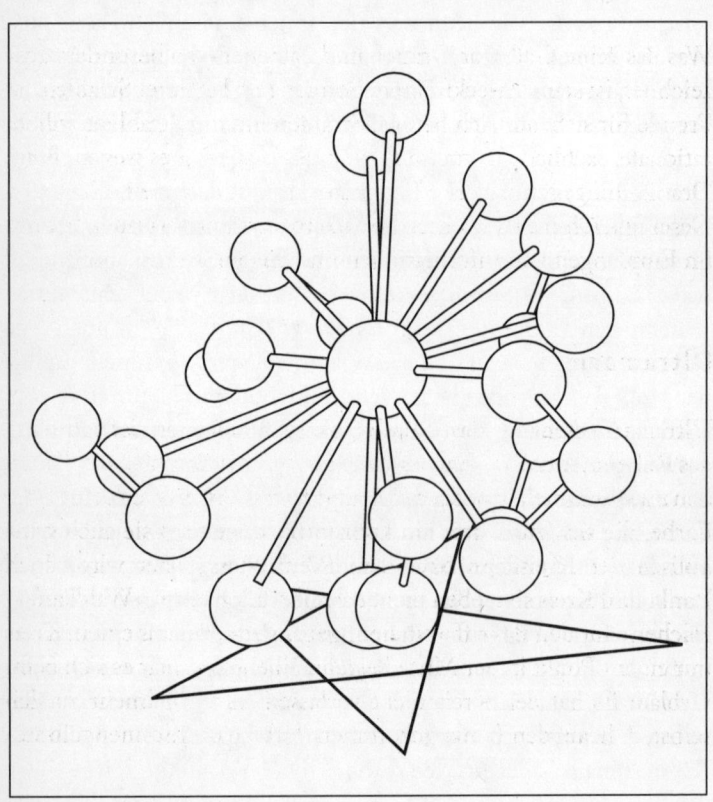

Abb. 9 Der mehrdimensionale Farbraum

»3. Internationalen Farbdesign-Preises« – durch die Autoren einem breiteren Publikum vorgestellt und ist in der zugehörigen Dokumentation abgebildet.*

Sonnengelb und Ultramarin – die Achse des Gewichts

Sonnengelb

Was das reine Gelb vor Orange und Zitronengelb besonders auszeichnet, ist seine Zweckfreiheit. Sonnengelb bedeutet Strahlen, ist Freude für sich, aus sich heraus, Strahlen um des Strahlens willen, rationale, sachliche Kommunikation des Austausches wegen. Beim Orange hingegen ist die Kommunikation auf Gemeinschaft und Geselligkeit hin ausgerichtet, beim Zitrongelb äußert sie sich mehr im Empfangen von Informationen und Gedanken.

Ultramarin

Ultramarin steht für das logische, rationale Denken, jedoch ohne das Ruhepotential des zum Grün tendierenden Azurblaus und ohne den mystisch-melancholischen Tiefgang des Violetts. Urblau ist die Farbe, die sich zur Mitte hin konzentriert, weshalb sie auch symbolisch der Kreisform bzw. dem Punkt zugeordnet wird, doch Punkt und Kreis sind eben nicht dasselbe. Es gibt ein »Waldläuferzeichen« für den Begriff »bin heimgegangen«, das aus einem Kreis mit einem Punkt in der Mitte besteht. Ebenso verhält es sich beim Urblau: Es hat den Kreis nicht verlassen, es ist vielmehr zu sich selbst, d. h. auf den Punkt gekommen. Urblau und Sonnengelb ste-

---

* *Dokumentation 3. Internationaler Farb-Design-Preis* Design Center Stuttgart, 1987

hen für den klaren und reinen Gedanken, der sich an Tatsachen orientiert, und daher über jeden Zweifel erhaben ist.

Doch wenden wir uns nun wieder den differenzierten, *vermischten* Farben zu.

Orange und Azurblau – die Entspannungsachse

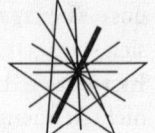

Orange

6. 6. 92

Wie im Abriß schon aufgezeigt, ist Orange die redseligste, mitteilungsfreudigste, aktiv kommunikativste, kurzum: die anregendste Farbe. Sie hat Leuchtkraft, Wärme und Helligkeit und *strahlt* somit wie die Sonne Freude, Leichtigkeit und Lebenslust aus.

Wie kommt diese Wirkung zustande? Orange liegt neben Gelb, also neben stark strahlender, freier, ungerichteter Energie, die nun durch den Rotanteil eine Richtung erhält. Sie ist Mittler zwischen realem Tun (Rot) und freiem Geist (Gelb). Aus Gedanken werden Aktionen: Sie nehmen Formen an, werden *formuliert*, ausgesprochen. So entsteht Kommunikation in Form von Geselligkeit, jedoch ohne *Tief*gang. Orange vertritt also die leichte, gesellige, schöne Seite des Lebens. Alles, was die Geselligkeit, das Miteinander, das Reden, den Austausch, die Partizipation, das Dabeisein, das Aufeinanderzugehen angeht, aber auch Sonne, Wärme und Sinnlichkeit gehören hierher.

Vielleicht wundern Sie sich, warum Sie diese Farbe überhaupt nicht mögen, warum diese Farbe auf Sie so laut, unruhig, vordergründig, so banal, oberflächlich, aufdringlich, einfach, billig und süß wirkt.

In den ausgehenden sechziger und den siebziger Jahren gehörte Orange neben Grün zu den beliebtesten Farben. Erinnern wir uns an die Zeit nach dem Wiederaufbau, an das Wirtschaftswunder, an die Zeit der Gemeinsamkeit, des Miteinanders. Feste und gemeinsame Feiern galten damals als etwas Besonderes nach einer kargen, harten Zeit. Ihren Höhepunkt erreichte die *Orangezeit* in den Siebzigern bis zur Völlerei in jeder Weise. Sichtbarer Ausdruck hierfür waren vollorange tapezierte Wände nebst ebensolchem Inventar, vorzugsweise in Kunststoff oder – vom damaligen Ostblock mit Verzögerung übernommen – in »Plaste und Elaste«.

Wir haben uns daran bis zum Überdruß *satt*gesehen, ja wir haben uns »überfressen«. Schon Goethe wußte: »Alles in der Welt läßt sich ertragen, nur nicht eine Reihe von schönen Tagen.«

Erst jetzt mit einer neuen Generation, die diese Üppigkeitsphase nicht kennengelernt hat, wo eher das Thema Rezession eine Rolle spielt, taucht Orange in Gebrauchsartikeln, in der Mode, beim Auto wieder auf, allerdings in verfeinerten und zarteren Nuancen. Nirgendwo sonst als in diesem Farbbereich hat die Quantität einen so bedeutenden Einfluß auf die Qualität. Mit Paracelsus gesagt: »Die Dosis macht das Gift!« Sparsam eingesetzt wie »das Tüpfelchen auf dem i«, wirkt diese Farbe erheiternd, anregend, kräftigend, stärkend, belebend, aktivierend. Durch Überdosis jedoch kann die Wirkung dieser strahlend göttlichen Farbe sehr schnell umschlagen. Sie wirkt dann laut, unruhig, vordergründig, banal, einfach, süß, warm, oberflächlich, prahlerisch. Aufgetragen auf großen Flächen, wird sie zum unglaubwürdigen, nur noch lauten, aufdringlichen Koloß oder Rummelplatz. Beispiele hierfür finden sich in Imbißketten, in den »Meetingpoints« auf Flughäfen und Messen und leider auch noch in vielen Raststätten und Kantinen.

Nun wird auch klar, warum diese Farbe von vielen unserer Zeitgenossen abgelehnt wird. Was unseren Appetit, was Unterhaltung, Ablenkung etc. angeht, so sind wir übersatt und überreizt. Was die meisten von uns brauchen, sind Ruhe und die Möglichkeit, von der Hektik des Alltags abzuspannen. Und diese Botschaft finden wir genau im polaren Teil des Farbkreises, im Blau, der »Farbe der Stille«.

Thront, tanzt, schwingt, schwebt, glänzt das Orange neben dem
hellsten, höchsten und leichtesten Punkt, so *ruht* das Blau seiner
Polarität entsprechend neben dem dunkelsten, tiefsten Punkt im
Weltbild. So symbolisiert das Azurblau das *Auf-der-Erde-Ruhen*.
Azurblau ist ein grünanteiliges Blau, es hat einen Anteil des Wasserelements, des puren Phlegmas, es ruht also auf der *feuchten*, *nährenden Erde*.

So liegt die Bedeutung dieser Farbe in der passiven Aufnahmebereitschaft in absoluter Stille. Hier befindet sich der ruhigste, stillste,
stummste und passivste Pol. Eigenschaften wie Gelassenheit, Frieden und Ruhe gehören hierher, nicht jedoch die tote Ruhe wie im
Grau, sondern eine Ruhe (siehe Nachbild), auf die sich Neues bau-
en läßt, eine Quelle sozusagen, aus der sich neue Kraft schöpfen
läßt. So steht der Aspekt der vitalen Ruhe im Vordergrund, einer
Ruhe mit der Kraft und der Bereitschaft, Dinge zu erdulden, aber
auch Neues zu erwarten. Zuhören-Können ist eine Fähigkeit, die
hier verdeutlicht wird, ebenso das Ausharren-Können und das lang-
sam-bedächtige Sichentfalten. Es geht um erdhafte Sinnenfreudig-
keit, um Verwurzelung und Tradition.

Kommt im Orange die Geselligkeit zum Ausdruck, das Aus-sich-
Herausgehen, so zeigt sich hier das Gegenteil: das In-sich-Gehen,
Sichbesinnen, das In-sich-Hineinhören wie bei einer Muschel, deren leises Rauschen man am Ohr zu hören versucht. Außerdem gehören hierher: leidenschaftliche Hingabe; Zeit und Muße; Be*son*-
*nen*heit und *Sinn*lichkeit die nach *innen* geht; Werte mit *Tief*gang;
die *blaue Blume*, Sinnbild der Romantik; die »Schöngeister«, die
»Träumer« von einer besseren Welt und die Friedenstaube; Ruhe
haben; Glückseligsein in der Einsamkeit.

Ein Beispiel von Form- und Farbsymbolik

Die Symbolik der *blauen Blume* verkörpert übrigens in reinster, edelster und positivster Form die Beziehung der Orange-Azur-Achse. Die Aussage des Orange (die Gemeinschaft, das Sichmitteilen) drückt sich in Form, Figur und Zeichnung einer Blume aus.
Betrachten Sie ein einzelnes Blütenblatt: Es gleicht einer Träne, die in ihrer Form und Funktion etwas Trauriges, Melancholisches ausstrahlt, oder der realen Form des menschlichen Herzens. Zwei*sam*keit entsteht aus zwei Herzen oder zwei Blütenblättern. Unser rotes Herz, Symbol der Liebe, der Vereinigung, der Zweisamkeit, der Einheit in der Zweiheit ist durch das Zusammenlegen zweier Herzen entstanden.
Die Blume nun versammelt viele Blütenblätter strahlenförmig um einen gemeinsamen Punkt. Sie symbolisiert also schon in ihrer Formsprache das Thema der Gemeinsamkeit (versammelt um einen Mittelpunkt) der gemeinsamen Mitte, einer gemeinsamen Sache.
Wenn wir jetzt noch weiter gehen und der Wortsymbolik folgen, so entdecken wir in Ein-sam-keit, Zwei-sam-keit, Gemein-sam-keit, zu-sam-mensein, sich sam-meln, immer wieder die Silbe *sam*, die ursprünglich »eins« oder »gleich« bedeutet.
Gehen wir zurück zur Symbolik der *blauen Blume*. Die Blume symbolisiert Gemeinsamkeit, das Blau nun seinerseits bedeutet Ruhe, Frieden, Besonnenheit und Sinnlichkeit mit Tiefgang, aber auch hingebende Leidenschaft für ein Thema.
Gemeinsamkeit in der Einsamkeit ist also das Grundthema der *blauen Blume*. (»Dieselben Gedanken verbinden uns« ist eine geläufige Redewendung in den Briefen der Romantiker.) Gemeinsamkeit und Einsamkeit ist auch das Thema der Achsenbeziehung Azurblau-Orange: Ruhe und Geselligkeit, der nach innen und außen gerichtete Austausch, das Sicherinnern und Sichäußern, das Ich und das Du, das Denken und Reden, kurzum die Sinnlichkeit nach innen und nach außen.

Laut und leise, sich öffnen und schließen, Anregung und Erholung – diese Polaritäten finden sich auf dieser Achse. Hierher gehört aber auch etwas, für das wir gemeinhin nur noch im Urlaub Zeit finden: das Nichtstun und die Geselligkeit. Wenn wir dieser Achse einen Namen geben wollen, so muß sie *Venusachse* heißen – im ursymbolischen Sinne einer Göttin geweiht, in deren Zuständigkeit die Muse mit ihren weitläufigen Erscheinungsformen fällt. Wenn wir nun im Farbkreis weitergehen, so bleibt der Innen/außen-Gegensatz nach wie vor unser Thema. Nur finden wir ihn diesmal nicht in einer solch leichtlebig sinnlichen Form wie in der Achse Orange-Blau, sondern bestimmter und zielgerichteter. Wir bewegen uns im Uhrzeigersinn dem Rot/Grün, dem Herzen, zu. Wir nähern uns der Mitte, der *realen* Ebene, dem Feuer und Wasser.

Feuerrot und Meergrün – die Spannungsachse

Wir beginnen beim Feuerrot, Rotorange oder Gelbrot, bei einem – wie der Name schon anzeigt – gelben Rot, einem mit *Luft* durchsetzten, frisch entfachten *Feuer*. Dementsprechend ist auch die Aussagekraft des Feuerrots: Aktion und Antriebsstärke. Feuerrot ist also die aktivste, stärkste und aggressivste Farbe im Kreis. Steht das Urrot für Tatkraft, so wird sie hier in Bewegung umgesetzt, steht das Rot für ständiges Pulsieren, so kommt es im Feuerrot zum Explodieren: vom pulsierenden tiefroten Magma im Vulkaninneren zur Eruption – dies ist der treffendste Vergleich für Urrot und Feuerrot.

Hierzu ganz gegensätzlich verhält es sich beim Meergrün oder Blaugrün: »Still ruht der See« hier – dort der Vulkanausbruch. Herrscht im Rotorange die *Anspannung*, so haben wir im Meergrün *Entspannung*, die noch dem Grün angehört, bereits das Blau enthält, die vom gewachsenen, saftigen Blattgrün herkommend in Richtung

Blau wandert und den tiefsten Punkt ansteuert, den tiefsten Wassergrund, den Meeresgrund, die in die Tiefe und nach innen geht: Verschmelzung von *Wasser* und *Erde*, Verschmelzung von »Mutter Natur« und »Mutter Erde«; Urmutter, innerster Grund, Urgrund, Muttergrund, Fruchtwasser, Gebärmutter, Uterus. Dies ist der geborgenste und ungeborgenste Punkt zugleich, denn der Aufenthalt ist begrenzt für die festgelegte Zeit des Wachsens; darüber hinaus bietet er keine Bleibe. In der Farbigkeit des Meergrüns findet sich auch der Wandlungspunkt von Materie und Geist (siehe Abb. 6 in Kapitel 2). Die Tiefe des Ursprungs findet sich im Blaugrün gespiegelt, wobei die von uns gewählte Bezeichnung Meergrün die der Farbe innewohnende Thematik treffend beschreibt.

Dominiert im Feuerrot oder Rotorange der Antrieb, die Durchbruchs-, die Durchsetzungskraft, der Wille, so liegt im Meergrün der *Grund*, die Ursache, der Urtrieb, der Auslöser – geboren aus tiefster, innerster Entspannung und Loslösung. Es ist ein Sammeln der Kräfte – gleich der »Ruhe vor dem Sturm«.

Im Meergrün erscheint der dem Wesen nach innerste, innigste, innenliegendste Punkt im Farbweltbild polar zur aktivsten, aggressivsten, kraftvollsten, nach außen gerichteten Position des Feuerrot. Ausdehnen und zusammenziehen, nach außen und nach innen gehen, ausstrahlen und zurückweichen, geben und nehmen, kalt und heiß finden in dieser Achse ihren Ausdruck. Das Einatmen und das Ausatmen, das Vorstoßen und Zurückziehen haben hier ihren Schwerpunkt.

Und so nimmt es nicht wunder, daß schwangere Frauen in der Endphase des Austragens, d. h. kurz vor der Geburt ihres Kindes, das Meergrün (entspricht Frieling-Testfarbe »Grünblau«) besonders bevorzugen. Wandlung ist ja das Thema der Geburt schlechthin, der Lösung und Entlassung aus dem Uterus. Hier wird deutlich, daß sich die Mutter bereits Wochen vor der Geburt schon innerlich mit der Loslösung, aber auch mit der kommenden Befreiung und dem Wieder-sie-selbst-Sein auseinandersetzt.

Das Thema der Achse – *einatmen* und *ausatmen* – kommt dann konkret beim Geburtsvorgang zum Tragen. Das Ein- und Ausatmen in seiner heftigsten Form wird wichtig, das Pressen und Zusammenziehen, die An- und die Entspannung, schließlich der Ausbruch der Kräfte selbst: die Geburt! Besser kann man das Thema der Feuerrot-Meergrün-Achse nicht beschreiben, und treffender läßt sich auch die Einzelbedeutung des Feuerrot kaum zum Ausdruck bringen.

Feuerrot

Im Feuerrot geht es um den *Aufbruch der Kräfte*, »vorwärts und nicht zurück«, »kein Zögern und Zaudern«, Spontaneität, Dynamik, Leistungswillen, Mut zum Risiko, Durchschlagskraft und Durchsetzungsfähigkeit. Die Pioniere, die Bahnbrecher, die Tollkühnen, die Eroberer sind mit dieser Farbe umschrieben. Spontaneität heißt aber auch, keine Zeit zum Überlegen zu haben, direkt zu handeln, zuzupacken, wo Not am Mann ist.

In Extremform kommt hier das unüberlegte Handeln, das bedenkenlose, rücksichtslose Zuschlagen, die Kurzschlußhandlung und das Moment des Affektes zum Ausdruck. Auch die Aggressivität, die übersteigerte Energie, das Angespannte, die »geballte Faust« – all das ist feuerrot, Power pur, je nach Dosis. Die starken Männer, die Kernigen, die Rambos, kurzum die energiegeladenen Naturen, sie repräsentieren diese Farbigkeit.

Dies bedeutet nicht, daß genau solche Leute diese Farbe besonders mögen. Oft ist das Gegenteil der Fall; je nachdem, wie man zu seiner Stärke steht. Es ist keine Ausnahme, daß genau die »feuerroten« Männer zu den feinfühligen, sensiblen Farben greifen, etwa zu Rosa oder Himmelblau, und daß eher Leute, die gerne etwas von dieser Durchschlagskraft besäßen und sich mehr Energie wünschten, diese Farbe bevorzugen. Auch hier kommt wieder das Sehnen nach dem, was man nicht hat, zum Vorschein. Der Theoretiker, der »Verkopfte«, der zuviel vom *Blau* besitzt, bräuchte diese Farbigkeit.

Derjenige, der zuwenig reale, vitale Kraft besitzt, der spürt, daß seine Kräfte nachlassen, wünscht sich diese Farbe. Und sie ist auch durchaus zu empfehlen, beispielsweise in der Innenraumgestaltung als ein anregender Akzent; aber wirklich nur als Akzent. Als solcher kann sie kleine Wunder vollbringen, d. h. anregend wirken. Hier macht wieder die Dosis das Gift, wie bei allen Farben des unruhigen, aktiven Gelb-Rot-Bereichs.

Und so wird es denn auch erklärbar, daß die schwangere Frau mit der pochenden Spannung im Herzen genau zur passiv ruhigen, lösenden Polarität tendiert.

Meergrün

Es ist nun nicht so, daß nur schwangere Frauen in der Endphase Meergrün (Frieling-Testfarbe »Grünblau«) bevorzugen, aber das Beispiel zeigt in beeindruckender Weise, wo diese Farbe wichtig wird, nämlich beim Thema der Lösung, der *Wandlung*, der *Befreiung*: Meergrün wird von Leuten bevorzugt, denen die *Transformation*, die *Lösung vom Materiellen* am Herzen liegt. Das kann auf banaler Ebene die verstopfte Nase sein. Denken Sie an die Verpackungsfarbe der Nasensprays, die mit dieser Farbwahl die *Befreiung* symbolisieren. Mint, die aufgeweißte, hellere Variante taucht überall dort auf, wo es um Frischluft und Hygiene geht.

Auf der höheren Ebene der Farbbetrachtung (vgl. Abschnitt »Symbolfarbigkeit, und Materialfarbigkeit« in Kapitel 2) geht es darum, den Dingen auf den Grund zu gehen, den wahren Wert zu erkennen, den *tieferen Sinn* zu sehen, hinter die Fassade zu blicken. Überall dort, wo es weniger um real Faßbares als vielmehr um abstraktes Denken geht, wie z. B. in der Kunst, beim Karikieren oder in der Psychoanalyse, ist das Wesen des Meergrüns zu finden. Das Erkennen oder Agieren mit der Wesenhaftigkeit, auch das Denken »um die Ecke« ist das Domizil dieser Farbigkeit.

Männlich und weiblich, aktiv und passiv, zeugen und empfangen, Uterus und Phallus, einatmen und ausatmen, das, was Leben im bewußt/unbewußten, motorisch, selbstverständlichen Rhythmus ausmacht, findet sich in der Feuerrot-Meergrün-Achse. Der real erhaltene Lebensrhythmus von innen und außen, von Anspannen und Lösen, von Arbeit und Pause wird hier in treffendster Weise ver-*sinn-bild*-licht. Feuerrot/Meergrün ist die Lebensachse.

Rot und Blattgrün – die Achse des Gleichgewichts

Wir haben uns eingangs mit den Urpolaritäten auseinandergesetzt und dabei die Rot-Grün-Achse umfassend beschrieben. Dabei war das Feuerrot genauso eingeschlossen wie das Purpurrot oder auf der Grünseite das Maigrün und das Meergrün. Nun wollen wir uns differenziert noch einmal mit jenem Rot beschäftigen, das wir zuvor als die Farbe des Magmas bezeichnet haben, und mit jenem Grün, von dem die Werbestrategen sagen: »Grün ist Leben.«

Rot

Rot, genauer gesagt Tiefrot, unterscheidet sich vom zuvor beschriebenen Feuerrot primär durch seine Konstanz. Wenn wir das Beispiel Magma noch einmal bemühen, wird es vielleicht am ehesten klar. Rot (Magma) ist im Gegensatz zu Feuerrot, welches ja immer neuen »Brennstoff« benötigt, beständig und beansprucht auch eine entsprechende Wertschätzung. Rotorange oder Feuerrot setzt seine Vorstellungen selbst um; Rot *beansprucht* und *erwartet*, daß sie umgesetzt werden.

Rot ist dem Gold am nächsten. Urrot gilt seit alters als Herrscherfarbe. Die Germanen färbten ihre Haare mit roten Erden, um ihre

Macht zu demonstrieren, und auch die »Rothäute« verdanken ihren Namen dem Umstand, daß sie ihre Gesichter mit der *magischen Macht des Rot* bemalten, wenn sie auf den Kriegspfad gingen.

Grün

Grün dagegen, oder Blattgrün, ist weder mächtig noch erhaben. Es bleibt eher im Hintergrund, wird es doch von der Natur alljährlich in reicher Fülle aufs neue produziert. Und gerade an der Natur wird uns auch am besten vor Augen geführt, wie wir uns fühlen, wenn das »Normale« nicht vorhanden ist. Das Sehnen nach dem ersten Grün hat wohl auch damit zu tun, daß wir zwar alle wissen, daß der Winter vorbei ist, wenn der Kalender den April anzeigt. Die Sicherheit hierfür bekommen wir jedoch erst durch dieses erste Grün. Wenn wir uns dieses bewußtmachen, wird auch verständlich, daß sich von der Landwirtschaft bis zur Versicherung alles grün »bemäntelt«. Doch bei aller passiven Sicherheit, die diese Farbe zu vermitteln scheint, ist eines auch zu beachten: Grün erweckt mit Sicherheit keine Aufmerksamkeit!
So ist es auch kein Wunder, daß die zu Beginn der fünfziger Jahre so beliebten grünen Zigarettenpackungen (Eckstein, Salem) vom Markt verschwunden sind. Andererseits verdienen sich heute die Brauereien mit der Farbe Grün auf Etiketten und in der Werbung eine »goldene Nase«. Wie erklärt sich dieses? Ganz einfach: Grün wird als gesund und natürlich eingestuft, Bier wiederum wird als Naturprodukt empfunden. Rauchen setzt andere Prioritäten: Rauchen ist Aktivität per se. Man sitzt »auf ein Bier« zusammen, Geselligkeit und Gemeinschaft sind dabei wichtig, während man »kurz eine raucht«!
Dies hat nichts damit zu tun, daß beim Biertrinken u. U. auch geraucht wird, daß möglicherweise dieselben Leute rauchen, die auch das Bier trinken. Die farbliche Zuordnung hat einzig mit dem Umstand zu tun, daß unsere »innere Stimme« das Bier auf die Natur-

seite bucht, während das Rauchen eher als hektisch und ungesund eingestuft wird.

Doch Bier ist nicht bloß gesund und würzig, es ist auch »*edel*herb, *fein*würzig«, weshalb sich bei zwei Dritteln der grünen Bieretiketten noch *Gold* dazugesellt. Natur soll in ihrer edelsten, *veredelten* Form gezeigt werden. So wird das *Natürliche* beispielsweise durch die Kunst des Braumeisters gesteigert, veredelt, verfeinert. Diese Braukunst wird hier durch das Gold symbolisiert. Grün-Gold entspricht »Natur plus«! Dies wird für den Verbraucher sichtbar durch die Kombination des Grüns mit der Gegenseite, mit dem zum Rot gehörenden Gold. Während die Grün-Rot-Kombination, die ebenso häufig vorkommt, mehr die »herzhafte« Variante symbolisiert.

Grün ist am auffälligsten, wenn es fehlt (siehe das Beispiel mit der Natur). Rot dagegen ist am auffälligsten, wenn es präsent ist. Beide Pole, gut kombiniert, bilden die Grundlage für ein zufriedenes Leben. Dies ist die Achse von Herz und Seele, von Herz und Magen, die Achse der realen Mitte.

Aus der Sicherheit der Familie, der Gruppe, der Sippe heraus aktiv werden: Das ist das Prinzip der Rot-Grün-Achse. Und wenn die heutige Generation die Farbe Grün vordergründig auch ablehnt, so legt sie doch hintergründig sehr viel Wert auf die Position in der Gesellschaft – egal, ob es nun um die Rangordnung in der Clique, im Verein, in der Familie oder der Firma geht. Die Stellung gibt Sicherheit, eine Sicherheit, die früher selbstverständlich war, weshalb Grün bevorzugt wurde. Der sich autonom fühlende Mensch unserer Tage will diese Einbindung und Sicherheitsgarantie nicht wahrhaben, obgleich er sie anstrebt. Dieses Nicht-wahrhaben-Wollen äußert sich in der Grünablehnung.

Übergang

Wir haben nun die Polaritäten behandelt, bei denen der Gegensatz von aktiv und passiv, von warm und kalt, von innen und außen, von introvertiert und extrovertiert, von männlich und weiblich eindeutig nachvollziehbar ist. Es ist der dem Menschen naheliegende Bereich, der mit unserem autonomen Nervensystem sozusagen kooperiert und unseren täglichen Lebensrhythmus steuert.

Dies alles geschieht farbsymbolisch im Kreisbogen von Gelb bis Rot, von der *Luft* also zum *Feuer* (aktiv) und auf der gegenüberliegenden Seite, dem *Erde-Wasser*-Bereich, von Blau bis Grün (passiv). Nun kommen wir zu jenem Bereich, wo sich *aktiv* und *passiv* nicht mehr in einer stabilen Form gegenüberstehen, sondern sich vermischen. Es ist der Bereich, wo Yang und Yin auslaufen, wo sich die Form zuspitzt, wo die Grenzen von männlich und weiblich fließend werden und ineinander übergehen.

Der Kreisbogen von Rot bis Blau, vom *Feuer* ♂ zur *Erde* ♀, und von Grün bis Gelb, vom *Wasser* ♀ zur *Luft* ♂, birgt die Thematik von Übergang oder *Verschmelzung* in sich. Dieser Bereich liegt uns weniger nahe – es sei denn, wir befinden uns in einer Entwicklungs- oder Veränderungsphase. Dieser Teil des Farbkreises steht für Wachsen und Werden, für das Sichentwickeln im realen wie im geistigen Sinn.

Zitrongelb und Violett – die Hochspannungsachse

Zitrongelb*

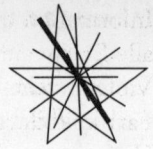

8.6.92.

Erneut beginnen wir beim Licht, der *Luft*, dem *freien* Gedanken, der *Kommunikation*, der *Idee*, dem *freien Geist*, beim Gelb. Doch diesmal wandern wir den Kreis entgegen dem Uhrzeigersinn links herum, gegen die aktive Seite, hin zur passiven Seite, zum Grün. Wir bewegen uns weg von der *aktiven Kommunikation* hin zum Passiven, Weiblichen, Empfangenden und Empfindenden, zur »Mond-, zur Schattenseite«, zum verborgenen, stillen, ruhenden Grün.

Gelb mit Grünanteil, also Grüngelb oder Zitron bedeutet: Kommunikation der Ruhe, der Stille; Kommunikation, die von außen nach innen geht; empfinden können, »was in der Luft liegt«; »das Gras wachsen hören«; Vision, Geistesblitz, freier Geist mit Spürsinn, Intuition.

Violett

Zitron ist die hellste Farbe, dem Weiß am nächsten. Polar dazu ist die dunkelste, dem Schwarz am nächsten liegende Farbe das *Violett*. Dies ist die tiefste, an Leuchtkraft geringste und somit schwerste Farbe im Farbraum. Die Vitalität ist auf ein Minimum beschränkt. Die Gedankenwelt der *Erd-* oder *Boden*farben, die festgefaßte, logische Gedankenwelt des Ultramarins wird hier noch tiefer, fester. Läßt das Urblau den Gedanken freien Lauf, so vertieft das Violett mit dem aktiven Rotanteil die Gedanken, konzentriert, konserviert und komprimiert sie, hält und sichert sie auf tiefstem Grund. Somit gleicht es dem Winter, dem Samen in der Erde, der nur noch die

---

* Fachsprachlich heißt es *Zitron* oder *Zitron*gelb, nicht *Zitronen*gelb

Information der Pflanze birgt und daraus im folgenden Frühjahr alle Pracht aufs neue entstehen läßt.

Violett steht also für den tiefsten Grund der Erde oder des Farbweltbildes, für Tiefe, Schwere, Melancholie, Verdichtung, Verfestigung, für die *Konzentration auf das Wesentliche*, die Meditation.

Die Polarität Zitron/Violett

Aus der Sicht der Farbmetrik und des Farbraumes weisen Zitrongelb und Violett Höchstwerte an *hell* und *dunkel*, *hoch* und *tief*, *leicht* und *schwer* auf. Dies sind die von unserer neutralen Mitte entferntesten Pole: tiefste Erdverwurzelung gegen entfernteste Himmelwelten, Transzendenz gegen Zerrissenheit. Hier herrscht »Hochspannung« pur. Assoziationen wie Zerrissenheit, Zerreißprobe, Erdung, Ladung und Elektrizität kristallisieren sich heraus.

Personen, die in einer Situation der inneren Zerrissenheit und Verzweiflung stehen, »bearbeiten« diesen Bereich, befassen sich mit dieser Achsenfarbigkeit. Die wohl deutlichste Lektion zu diesem Thema hat uns der holländische Impressionist Vincent van Gogh mit seinen Bildern hinterlassen, indem er seinen jeweiligen Seelenzustand in einem umfangreichen Briefwechsel beschrieben hat. Menschen im Umbruch, Menschen, die an einem Scheideweg stehen, die aus ihrer Bahn geworfen wurden und nun einen neuen Weg einschlagen, haben eine besondere Affinität zur Zitron-Violett-Achse. Sei es der Zusammenbruch einer bestehenden Existenz, wie z. B. durch Scheidung, Konkurs, oder etwas anderes, das mit dem Niedergang einer bestehenden Struktur zu tun hat – es äußert sich in der geradezu magischen Hinwendung zur Violett-Zitron-Polarität. Interessant ist, daß es in der Mehrzahl die Frauen sind, die ihr Problem vital, bewußt ausleben, während die Männer überwiegend durch Verdrängung im Grau mit dieser Problematik »fertig« zu werden versuchen. Das weibliche Geschlecht überwindet also seine

Probleme in vitaler, bewußter Farbigkeit. (Wohlgemerkt: Dies sind nur verallgemeinernde Beobachtungen aus der Summe einer langjährigen Beschäftigung.)

Ganz ähnlich wird der altersbedingte Umbruch, die Lösung der Jugendlichen vom Elternhaus signalisiert, doch wird dort selbst der kleine Buntanteil des Violetts noch als störend empfunden. Die Jugend äußert sich in ihrer Trotz- und Ablösungsphase im *gnadenlosen* Schwarz-Weiß. Sie will weg von gewachsenen Strukturen wie Elternhaus, Tradition etc. in die weniger vitale Spannungskombination der Unbunten, des Schwarz (Trotz und Ablehnung, Verneinung) und des Weiß (Auflösung). Alles Erprobte, Erfahrene wird erst einmal über Bord geworfen. Verstärkt wird diese Haltung durch die Kombination mit der Ich-Farbe Rot (Ego, sich selbst bewußt werden), also Scheideweg/Zerreißprobe (Schwarz-Weiß) plus Ego (Rot). Daraus folgt, daß die Jugendlichen bewußt ihre eigenen Wege gehen, um selbständig zu werden, das Ich zu finden. Dieser Weg wird heute von den meisten Jugendlichen in der westlichen Welt gegangen, um erst einmal frei zu sein. Jahre später dann lassen sich *alle* Werte *neu* entdecken ohne Vorbehalte gegenüber den Erwachsenen.

Für Jugendliche, denen die Welterfahrung noch fehlt, ist diese Haltung verständlich. Kritisch jedoch wird es, wenn im Erwachsenenalter noch genauso gehandelt wird. Hier sollten die Probleme schon bewußter auf einer vitaleren Ebene abgehandelt werden. Und wenn wir jetzt an die schwarze Trauerkleidung denken, so wird klar, daß die Trauer in Violett eine sinnvollere wäre, da sie uns die Tiefe bewußter, sinngebender erleben läßt, aber auch einen Weg aus dem Dunkel (siehe Nachbild) zeigt. Schließlich reifen die Menschen durch Erfahrungen und gelangen aus den bewußt erlebten Tiefen (Violett) zu bewußt erlebten Höhen (Zitron).

Dies zeigt uns in wunderbarer Weise die Natur im Ablauf der Jahreszeiten: das Frühjahr nach dem Winter, der Neubeginn nach tiefer Ruhe – gleich dem Samen, der im Winter in der Erde ruht, um im nächsten Frühjahr in strahlendem Licht zu neuem Leben zu erwachen, oder tiefergehend noch gleich den Kristallen, geboren und entstanden in dunkelsten Tiefen, um in hellstem Licht zu erstrahlen. Es geht um Neubeginn nach äußerster Ruhe, um ein Erwachen nach tiefstem Schlaf, Regeneration nach Schwere, Neubeginn nach dem Tod, gleich dem »Phönix aus der Asche«.

In der Zitrongelb-Violett-Polarität finden sich Anfang und Ende. Im Violett haben wir das Ende, den Stillstand in Form von körperlichem Wachstum, jedoch den Anfang einer geistigen Entwicklung. Polar dazu findet die Umkehrung im Zitrongelb statt, das Ende des geistigen Wachstums: Hier herrschen nur noch die Ahnung, die Intuition der er-fahrenen Weisheit, aber auch der Anfang, der Neubeginn des körperlichen Wachstums, »zu neuen Ufern«.

> Jedem Ende folgt ein Anfang und jedem
> Anfang wohnt ein Zauber inne, der uns
> beschützt und der uns hilft zu leben.
>
> *Hermann Hesse*

Kommen wir abschließend noch einmal auf die Einzelbedeutungen zurück. Beim Zitrongelb spürt man förmlich die Frische des Neubeginns, die dynamische, unverbrauchte Energie einer Knospe im Frühling, die Reinheit der »Unverbrauchtheit«, das Unverdorbene, die Keuschheit der Jugend.

Bei Violett handelt es sich dagegen um eine Farbe, die aus der Tiefe des Bodens, aus der Tiefe unendlicher Erfahrungen geboren wird. Sie ist eine der alten, ja uralten Farben, die gemachte und gesammelte Erfahrungen als Grundwissen einer langen Wanderung in sich bergen.

Loslassen und festhalten, trotzen und nachgeben, spannen und lösen, das sind Aussagen ähnlich der Lebensachse, nur eben in unterschiedlichem Abstand zu unserem Ich. Bei der Lebensachse (Feuerrot/Meergrün) im natürlichen Rhythmus von Einatmen und Ausatmen, von Anspannen und Entspannen und hier im Rhythmus von Leben und Sterben, einer größeren, weiter entfernten Dimension von Wachheit und Schlaf. Ein Erwachen nach tiefstem Schlaf gleich den ersten Blumen im Frühjahr, die mit dieser Botschaft das neue Jahr begrüßen, genau in der Achsenfarbigkeit von Gelb und Violettblau, von den ersten Schneeglöckchen über Krokusse bis hin zu Narzissen und Osterglocken, Schlüsselblumen und Veilchen.

Von diesem Ahnungsvermögen der Urweisheit kommen wir zur letzten Achse, der Achse des Übergangs.

Maigrün und Purpur – die Verschmelzungsachse oder die Achse des Übergangs

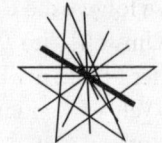

Maigrün

Hier geht es um Wachsen und Gedeihen der jungen Pflanze, des neuen Blattgrüns, das im fast weißen Zitron seinen Anfang nahm. Im Maigrün schwindet das Gelb, die *Luft* der Gedanken, die Idee gedeiht und nähert sich dem Realeren, Greifbareren, dem Wasserelement, dem nährenden Phlegma, dem Grün. Der Übergang von Intuition (Zitrongelb) und Sichern (Grün) vollzieht sich im *intuitiven Sichern*, es ist instinktiv, selbstverständlich, automatisch, unbewußt, *ohne den tieferen Sinn* zu kennen, nur empfindend, instinktiv spürend. So liegt die Bedeutung dieser Farbe erst einmal im *Aufnehmen*, *Sammeln*, in der Aufnahmebereitschaft in jeder Form gleich der Pflanze, die das Wasser, die Nährstoffe aufsaugt, um wachsen und gedeihen zu können. Übertragen heißt dies: geöffnet, aufnahmefähig zu sein; unbewußte Aufnahmekraft; selbstverständlich, instinktiv, passiv offen; den Kosmos, die Natur, die Umwelt, das nährende Element empfangend und empfindend.
Es liegt auch eine Gefahr darin, so bedeutet Aufnehmen, offen sein, auch empfänglich sein für Stoffe aller Art, also auch für Gifte. Unbewußt *kind*haftes, natürliches, instinktives Aufnehmen bedeutet

somit auch ungeschützt zu sein; unverdorben und unerfahren zu sein für sämtliche Einflüsse der Umwelt. Der Volksmund kennt hier die Redewendung »noch grün sein hinter den Ohren«. Es ist ein *passives Offensein* ohne Gegenwehr, nicht *aktives Offensein* wie im gelbanteiligen Rot, wo ich mich aktiv der Umwelt öffne, Hand anlege, auf andere zugehe: ein passives Mit-sich-geschehen-Lassen. Die geöffnete Seele!

Passiv offen sein, Aufnahmekraft haben heißt aber auch aufnehmen können, zuhören können, lernen können, etwas annehmen können, sich der Umwelt, der Natur, dem Kosmos zu öffnen, dem Instinkt zu folgen, die Umwelt auf sich zukommen lassen. *Integration* mit der Umwelt – im Positiven heißt dies Einssein mit dem Kosmos, mit der Natur, der Umwelt, heißt, die Natur aufnehmen, ein Teil dieser Welt sein, in ihr aufgehen. Im Negativen äußert sich das im Überflutetwerden durch aufgenommene Fremdeinflüsse und im Aufgeben des Selbst. *Passiv offen/außen* ist, das genaue Gegenteil von *aktiv innen*, dem Motto der polaren Farbe, des Purpur.

Purpur

Aktiv geschlossen im Gegensatz zu passiv offen bedeutet: *in sich vertiefen, in sich hineingehen, hineinhören.* Purpur ist das bewußte Erkennen, das Erwachen und Erwachsenwerden des Ich im blauanteiligen Rot (*Purpur*), *der vertiefenden Ich*-Farbe.

Es handelt sich hier um eine Verbindung, eine Mischung aus der Hitze des *Feuers*, dem Rot, und der Tiefe des Urwissens der *Erde*, dem Grund, dem tiefen Blau, die Verschmelzung von Wissen und Ich. Purpur steht für ein hochethisches Ich, Selbstfindung, Bewußtwerdung, Selbstwerdung, Selbstbewußtwerdung.

Liegt die Bedeutung des *Maigrüns* im passiven Sichöffnen, im Erwachen und Wachsen der Pflanze, des Körpers, des Ich, so liegt die Bedeutung des Blaurot in der *aktiven* Geschlossenheit, im Vertiefen, im bewußten Erwachsenwerden des Herzens, des Ich.

Spiegelbildlich dazu verhält es sich mit der *passiven Geschlossenheit im blauanteiligen Grün (Meergrün)*, wo Wasser und Erde sich verbinden, *in der Tiefe des Wassergrundes*, in der Tiefe der Seele, im passiven Durchschauen des Wesens, der Seele, der Psyche. Im Purpur, dem blauanteiligen Rot, wo *Feuer* und *Erde* sich *auf der Tiefe des Feuergrundes* verbinden, in der Glut und Tiefe des Herzens, liegt die Bedeutung im glühenden, euphorischen Erkennen des Ich, des Herzens, dem Sinn der Philosophie. Hier fühlt sich das Herz zu »Höherem« berufen.

Purpur ist die *Verschmelzung* von *Herz* (Rot) und *Verstand* (Urblau), von Ego/Selbstbewußtsein (Rot) und Tiefe (Blau) zu *Blau*rot, der Farbe der Selbstwerdung, der Selbstfindung, der Würde. Es ist ein Sicherkennen, Über-sich-Hinauswachsen oder In-sich-Hineinwachsen, ein Verständnis von Ich und Kosmos, von Ich und Gott.

Purpur ist eine außerordentliche, fast überirdische Farbe. Eine derartige Farbe läßt sich nicht so einfach über die Ursymbolik, die Archetypen erklären. Purpur be- und umschreibt eine Haltung, eine »Denkungsart«, die zu Zeiten von Pythagoras einfach nicht denkbar war. Sokrates war mit seinen Gedanken über die »Autonomie des Individuums« auf dem Wege zum Purpur. Diese Gedanken aber laut zu äußern war damals, und das galt bis ins zwanzigste Jahrhundert, im Wortsinne tödlich. Purpur steht heute für den Menschen als fünftes Element. Der Mensch des zwanzigsten Jahrhunderts ist also nicht mehr Spielball der Elemente oder Götter, sondern selbstverantwortlich für sein Tun und Handeln.

So ist es kein Wunder, daß Purpur im Spektralverlauf der Sonne nicht vorhanden ist. Verbinden wir jedoch das kalte, kurzwellige Ende des Blaus mit dem warmen langwelligen Ende des Rots, so entsteht in der Mischung, d. h. in der Überschneidung der Extreme, das Purpur.

Wen wundert's jetzt noch, daß wir Purpur als ungreifbar, ätherisch, euphorisch, faszinierend, ähnlich wie die Wirkung von Opium oder Morphium, einstufen? Diese Farbe ist eine Verschmelzung von innen und außen, von warm und kalt, von männlich und weiblich, von

Tag und Nacht. Hier befindet sich der Einstieg in die Traum- und Märchenwelten, in den Zauber, die Magie, in höhere Wahrheiten: das blaue Feuer, der blaue tiefsitzende Teil der Flamme. Gäbe es ein fünftes Element, so müßte es Äther und zugleich das Inkarnat, der Mensch sein, und genau an diesen Punkt gehört Purpur. *Äther*

Liegen im *Luft*element Gelb der freie Geist, die freie Eingebung, die Intuition, so liegen hier im *Feuer-*/Ätherelement die glühende, zielgerichtete, von Herzen kommende Inspiration, das Fühlen höherer Wahrheiten, der Glaube, das Wissen um höhere Werte, der Idealismus, die phantastische Wahrheit. Auf einer anderen Ebene findet sich im Purpur die Selbstfaszination, kurzum der Narzißmus. So repräsentiert diese Farbe sowohl die Mode, den Friseur (einfach die Faszination an der eigenen Schönheit) als auch die Faszination der nicht begreifbaren Dinge wie den Zauber, die Magie, die höheren Ziele, die Ideale und den Glauben. So findet sich doch eine recht gemischte Gruppe vom Magier über den »Heilsverkünder«, den Missionar, die Kirche, den Prediger bis hin zum Idealisten, der für eine höhere Sache eintritt, unter dem Purpurbanner vereinigt. Kein Wunder also, daß diese Farbe bis zum Beginn des zwanzigsten Jahrhunderts, bei Androhung der Todesstrafe im Falle des Nichtbeachtens, ausschließlich den Würdenträgern von Kirche und Staat vorbehalten war. Der *purpurne Mantel* war das Symbol für den Würdenträger. Aber auch heute noch ist Purpur das Symbol der Bürde und Würde, sowohl der Faszination des Idealismus als auch der Eitelkeit. Hier liegen Schein und Sein sehr eng beieinander wie überhaupt in der Achse der Verschmelzung, die man auch die Achse von Schein und Sein nennen könnte, denn hier liegen real und ideal, irreal und ideal sehr eng beieinander. Dies liegt in der Natur der Farbe, der Verschmelzung von Materie und Geist, Idee und Realität (von *Erde* und *Feuer* und in der Umkehrung von *Wasser* und *Luft*). Synthese und synthetisch, beides kommt hier vor. Nirgendwo sonst taucht dies so extrem auf wie in dieser Achsenfarbigkeit. Hier verschmelzen Phantasie und Wahrheit, Traum und Wirklichkeit, Märchen und höhere Wahrheit miteinander. Der »phantastische Realismus« findet sich farbsymbolisch hier. Der Übergang vom Irdischen zum Überirdischen, vom Erwachen zum Erwachsen, vom Realen zum Geistigen und vom Unbewußten zum Bewußten, auf welcher Stufe, auf welchem Niveau auch immer.

Purpur und *Maigrün*, Faszination und Aufnahmekraft, Inspiration und Instinkt: Bei beiden Farben geht es um das Wissen, um den Glauben an eine höhere Ordnung, eine höhere Idee. Beide Male muß für diese Idee eingetreten werden, nur auf der einen Seite *bewußt inspirativ*, auf der anderen Seite *unbewußt instinktiv*, mit dem richtigen Gespür, z. B. mit dem »grünen Daumen«. Auf beiden Polen (Plus und Minus) geht es also auch um die Berufung. Ob beim Gärtner oder Bauern, ob beim Missionar oder Priester, jedesmal geht es um die Schöpfungsgeschichte.

Liegt im Maigrün das Pflanzliche, Körperliche, Unbewußte, Selbstverständliche, die Natürlichkeit, Naturverbundenheit, die Vereinigung der Seele mit dem Kosmos, so finden wir im Purpur das Bewußte, das Aktive, das geistige Wachstum, die Ich-Werdung, Selbstwerdung, Einswerdung des Herzens mit dem Kosmos. Wachsen (Wachsein) und Werden ist also der gemeinsame Nenner, das konzentrierte Thema dieser Achsenfarbigkeit.

Damit sind wir am Ende unser Rundreise durch die Farbwelt der *wesentlichen* Vollfarben angelangt. In Abbildung 10 sind die Symbolbedeutungen der einzelnen Farben stichwortartig zusammengefaßt.

Wie jeder einzelne damit umgeht, auf welchem Niveau er der Farbe begegnet, hängt – wie überhaupt bei allen Symbolen – allein vom Standpunkt der jeweiligen Person und der Art des Einsatzes ab: Die Grundbedeutung der Farbe bleibt immer die gleiche. Nur die Dosis, die Qualität, der Blickwinkel, die Sichtweise, auf welcher Stufe ich der Farbe begegne, verändert die Aussagekraft: ob ich noch »grün hinter den Ohren« bin oder den Spürsinn, den Empfindungssinn des »grünen Daumens« besitze oder »Gift und Galle spucke« oder »grün und gelb werde vor Neid«! So wird ein und dasselbe Grün aus der Sicht des Kindes, das erst in die Welt zu wachsen

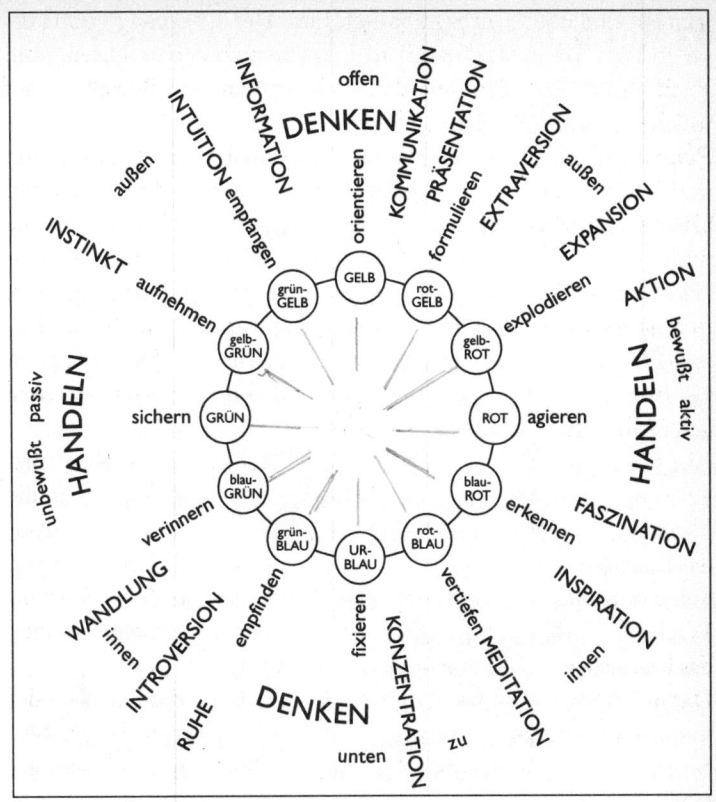

Abb. 10 Analoge Stichworte

beginnt, völlig anders wahrgenommen als aus der Sicht des Erwachsenen, der bereits eine Reihe von Erfahrungen hinter sich hat, der mitten in der *Farb*welt steht, oder aus der Sicht des alten Menschen, der sich dem Ende eines Zyklus nähert.

4 Farbdynamische Erkenntnisse

9. C. 97.

Und warum ist der Neid gelb?

Warum werden wir grün und gelb vor Neid? Gelb, eine so sonnige, strahlende Farbe, und Grün, eine so stille und friedliche: Was haben diese mit Neid zu tun? »Er spuckt Gift und Galle!« – Die Farbigkeit der Gallenflüssigkeit allein kann es nicht sein. Fragen wir einmal umgekehrt: Was passiert, wenn wir anderen etwas neiden? Was passiert in mir, wenn mich der Neid plagt? Der Magen zieht sich zusammen, es zwickt und kribbelt in mir. Der Neid frißt und zehrt in mir, alles verkrampft und verhärtet sich, alles drückt, drängt, spuckt nach außen.

Ich bin *nicht* mehr *bei mir*, ich bin *außer mir*, kann keinen klaren Gedanken mehr fassen, bin »total aus dem Häuschen«. Eben dieses Außersichsein, dieses Geladensein mit leuchtendster Energie, die ziellos, ungerichtet nach allen Seiten und in alle Richtungen nach außen strahlt, funkt, spritzt, sprüht, dies entspricht in der Farbsymbolik dem Gelb. Dazu kommt das Grün, »grün im Gesicht werden« heißt die natürliche, rosig durchblutete Hautfarbe verlieren, blaß werden. Das »Nicht-mehr-bei-sich-Sein« zeigt sich durch die Blutleere. Mein Innerstes, die Seele drängt nach außen, kommt zum Vorschein.

Warum gibt es solche extremen Ausbrüche und die entsprechenden Ausdrücke?

Offensichtlich hat sich in meinem Innern etwas angestaut, was nun nach außen drängt. Im Fall des Neides ist es das Gelb-Grün. Offensichtlich habe ich diesen Farbbereich verdrängt, negiert, unterdrückt, blockiert, nicht gelebt, mich folglich einem Bereich versperrt, der sich nun extrem »Luft verschafft« – vom Gelb bis zum

Grün, in einem Bereich der Erneuerung, der Aufnahmebereitschaft, der Intuition und der Weitsicht.

Folglich bin ich Neuem gegenüber sehr skeptisch, klammere mich an Bewährtes und riskiere nichts, lasse Fortschritt bei mir und meiner Umgebung nicht zu oder verhindere ihn, aus welchem Grund auch immer, etwa weil ich nicht kann oder will oder gern möchte und mich nicht traue. Im Tiefsten meiner Seele entsteht aufgrund des Versagens ein Berg von Ausreden, Ausflüchten, Entschuldigungen und Rechtfertigungen.

Wenn nun das Thema von außen auf mich zukommt, wenn ein anderer sich meiner verkappten, nicht gelebten Träume annimmt, sich diesem Thema aufgeschlossen zeigt, zu neuen Ufern schreitet, vorwärtskommt mit Mut zu Neuem, was ich ja nicht gewagt habe, werde ich vor mir selbst unglaubwürdig, meine Ausflüchte sind nicht mehr haltbar. Anstatt »in mich zu gehen«, in die Tiefen der Seele einzutauchen, reagiere ich nach außen, »von mir weg«. »Wenn ich nicht darf, dann darf der auch nicht!« Und jetzt muß dieses Thema mit aller Macht nach außen. Aber nun nicht mehr in seiner sinnvoll logischen, sondern in der verhinderten Form, in der des Neides.

Die Farbsymbolik zeigt, woher meine »Blockade« rührt. Sie verrät den Ursprung und holt ihn im Umkehrschluß wieder ein: Ich platze vor Gelb, »ich platze vor Neid«.

Ähnliches findet statt, wenn ich »blind vor Wut« bin und »rot sehe«! Ich bin ebenso »außer mir«, der Puls rast, nur ist die Überdosis der Energie zielgerichteter, eben dem Rot entsprechend aktiv. Ich schlage nämlich irgendwo zu.

»Gelb und grün werden« vor Neid findet im passiven, empfindenden Bereich statt, vollzieht sich in den Gedanken, im Kopf; Rotsehen dagegen auf der aktiven Seite, eben in der überzogenen Form: im Explodieren, in den Varianten von Orange bis Rot, »in Worten und Taten«. Auf jeden Fall bin ich in beiden Situationen »außer mir«, d. h. wirklich außen. Ich bin »nicht mehr ganz bei mir«. Mir fehlen die Besonnenheit, die Ruhe und der klare Gedanke, der Bereich des ruhigen Blaus.

Ich sehe rot. Aber warum sehe ich rot? Es ist das Nachbild von Grün, ich war wohl zu lange still, habe mich zu lange passiv verhalten, zuviel über mich ergehen lassen, habe mein Rot, mein Ich, mein Ego vernachlässigt oder – schlimmer noch – unterdrückt und eingezwängt, etwa in Form der schwarzverhüllten Farben, der Brauntöne oder in der Steigerung im Schwarz. Ich habe mein Herz, meinen Pulsschlag, meinen Motor, mein inneres Feuer kleingehalten, meine Erregung, mein »erhitztes Gemüt« unterdrückt, alles brav getan, was man mir vorschrieb, Wut und Ärger in mich hineingefressen. Aber irgendwann, wenn »der Druck im Kopf zu groß wird«, sich zuviel Hitze, Feuer, Rot angestaut hat, »dann explodiere ich« wie eine Bombe. Zuviel »Zündstoff« hat sich angesammelt. Der Wutausbruch, die Affekthandlung haben ihren Sitz im Rotorange, im Feuerrot.

Im Gelb-Rot-Bereich äußert sich mein verletztes Ego, im Gelb-Grün-Bereich meine verletzte Intuition und Kreativität.

Wie sieht es nun im dunkleren, ruhigeren, kühleren Bereich des Farbweltbildes, im Meergrün- bis Violettbereich aus?

Zunächst ist auffallend, daß der Volksmund für den Blau-Rot-Bereich keine Äußerung kennt. Dies könnte darauf hindeuten, daß für »das Volk« dieser Farbbereich *des geistigen Ich*, des *Erkennens des Selbst* kein Thema war. Tatsächlich war ja der Violettbereich lange Zeit der Kirche vorbehalten. Selbst euphorisch, glühend, begeistert sein war nur ein Thema der Kirche. Die »Droge« Purpur wurde dem Volk unter Kontrolle näher gebracht in Form von Weihrauch.

Die Drogen und Rauschmittel gehören farbsymbolisch hierher, da sie ja in den geistigen Bereich eingreifen, doch ist der Begriff »violett oder purpur sein« noch nicht geläufig. Es gibt jedoch Ansätze; der Bandname »Deep Purple«, der ja aus der Hippie-Zeit stammt, ist ein Indiz dafür.

Diesbezüglich interessant ist auch die Namensgebung für unser Gemüse. Ein bestimmter Kohl, der genau die Farbigkeit dieses Bereichs besitzt, wird eben nicht danach benannt, sondern je nach Region entweder als »Blaukraut« oder »Rotkohl« bezeichnet, auf keinen Fall als »Violettkraut« oder »Purpurkohl«. Die Farbe wird also nur annähernd bezeichnet – je nach Landstrich von der blauen oder roten Seite her. Man spürt förmlich die Achtung vor dieser Farbe, wie die tatsächliche Farbbezeichnung umgangen wird, wie »um den heißen Brei herumgeredet« wird. Wie gut, daß wir über das Gemüse uns sogar sprachlich vom Violett und Purpur entfernen können, denn wer sagt denn überhaupt, daß diese oder jene Farbe Violett ist? Es könnte ja auch »Aubergine« sein.

Doch kommen wir zurück zu unseren »Überdosen«. Was passiert, wenn sich Grün und Blau in Überdosis äußern? Aus unserem Wortschatz kennen wir nur »das Blaumachen«, die »blaue Stunde«, was mehr oder weniger mit Entspannung und Passivität, Friedfertigkeit und Rückzug zu tun hat. Oder das »Blausein«, auch eine Art der Entspannung oder Entspannungshilfe – wenn ich nicht aus freien Stücken in der Lage bin, mir »eine blaue Stunde« zu gönnen – oder wenn ich mir »Mut antrinke«, damit ich loslassen und »meinem Ärger Luft machen« kann.

Ferner die »blauen Flecken« und das »Grün-und-blau-Schlagen«. Auch hier die passive, empfangende Note: das »Schläge-Einstecken«, »Sich-geschlagen-Geben«, Kapitulieren. Hier zeigt sich wohl die passive Note in überzogener Form: Im Vordergrund steht das endlose »Erdulden«. Aber – um bei unserer Frage zu bleiben – gibt es auch optisch einen überzogenen Ausdruck der Farbigkeit? Es sind ja Farben, die nach innen, unten, in die Tiefe gehen, die folglich nicht in Überdosis, sondern Unterdosis sichtbar werden müßten, ihre Leuchtkraft noch mehr verlieren und somit verstocken, da sie alles nach innen ziehen, »verschlucken«, absorbieren (ähnlich dem Schwarz).

Die Aussage des Aufnehmens, Sammelns, Sicherns und Bewahrens ändert sich dann in der Steigerungsform, und zwar im Stocksteifwerden, Nichts-mehr-nach-außen-Lassen, im Sichversteifen. Der Geiz kommt eben darin zum Vorschein: Alles wird krampfhaft innen gehalten. Es kommt zur Verstopfung im wahrsten Sinne des

Wortes, sozusagen zu einer nach innen gekehrten Überdosis. Aus Ruhe wird Unbeweglichkeit, aus Kälte wird Eiseskälte. Der Mensch signalisiert: Ich bin wie ein Eisklotz, gefühlskalt, verschlossen, gefangen in mir.

Durch die Überdosis kommt es bei den gelbanteiligen Farben zur »Übervitalisierung«, zum Ausbruch, zur Explosion, bei den blauanteiligen Farben hingegen zur »Untervitalisierung«, zum Einbruch, zur Implosion.

Vollfarben sind Vitalfarben

Wenn wir davon ausgehen, daß Licht Energie ist und Farbe die Art der Energie anzeigt, so können wir noch weiter gehen und sagen: Die Farbe zeigt die Art der Energie an und ihre Sättigung die Vitalität und die Qualität. Folglich sind die »Gebrochenen«, »Entsättigten«, wie jeweils das Wort sagt, entsprechend verändert, ihrer Energie beraubt oder wie bei den Tagesleuchtfarben »gepuscht«. Die Vollfarben verlieren ihre Vitalität durch Beimischung der Unbunten wie Schwarz, Grau und Weiß.

Das Schwarz bremst die Energie entsprechend seiner Aussagekraft, verdichtet, verkrampft sie, »setzt sie unter Druck«. Aus Gelb wird Oliv, aus Expansion gebremste, gedämpfte Expansion. Der freie Geist wird gebunden, aber nicht in freier und vitaler Form wie im Blau, sondern unter Zwang und Druck des Schwarz gesetzt. Gedanken aufzwingen bedeutet Unterordnung unter eine vorgefaßte Meinung. Expansion ist dann nur in einem »festgelegten Rahmen« möglich. Wenn jemand solche Farben bevorzugt, liebt oder braucht, benötigt er auch die Anlehnung an vorgefaßte Meinungen, dann braucht er einen Vordenker. Es handelt sich demnach um eine Person, die – warum auch immer – nicht frei denken kann oder will. Ähnlich wie dem Gelb ergeht es dem Orange bis Rot in Schwarzverhüllung. Es entsteht der unvitale Ocker-Braun-Bereich. Die Kommunikation ist keine freie mehr, sondern eine untergeordnete.

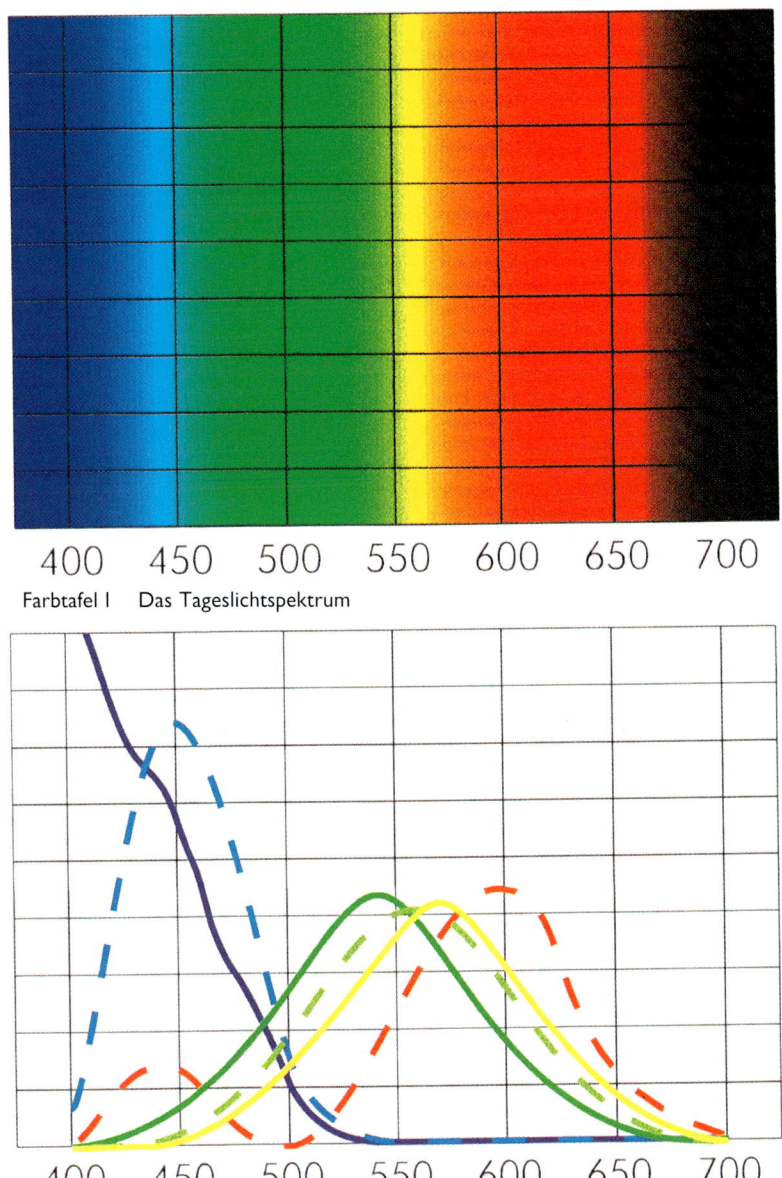

400   450   500   550   600   650   700

Farbtafel I   Das Tageslichtspektrum

400   450   500   550   600   650   700

Farbtafel II   Reizempfindlichkeit der Netzhautrzeptoren-gestrichelte Linie ange-
nommene Werte CIE-durchgezogene Linie tatsächliche Werte.
Nobelpreis 1967 (siehe auch Text Seite 37).

Farbtafel III   Der Flimmerkontrast (siehe auch Text S. 60)
Das Zusammenspiel von Rot/Grün als pulsierendem Rhythmus

Farbtafel IV   Der Simultankontrast
Alles ist relativ - ist der braune Farbstreifen oben wie unten gleich
bunt

Farbtafel V   Steigerung (Purpur) und Entspannung (Grün) aus den Urpolaritäten nach Aristoteles

Farbtafel VI Auf Steigerung und Entspannung basierender polarer Farbkreis Goethes

Farbtafel VII   36.teiliger Farbkreis nach CIE-LBA mit 10° Bunttonabstand (h)

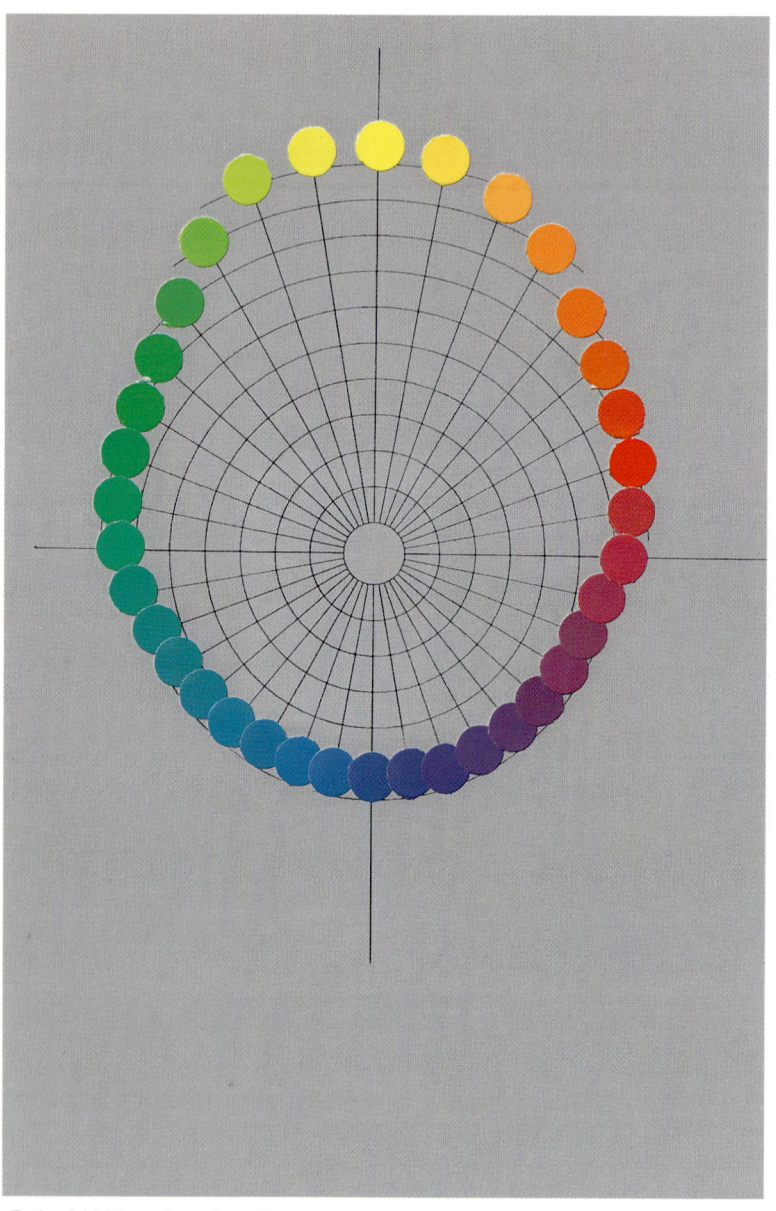

Farbtafel VIII   36.teiliger Farbkreis nach CIE-LBA (siehe auch Seite 41)
unter Berücksichtigung der Bunttonabstände (h) und den unterschiedlichen Chromawerte (C- Werte = Intensität)

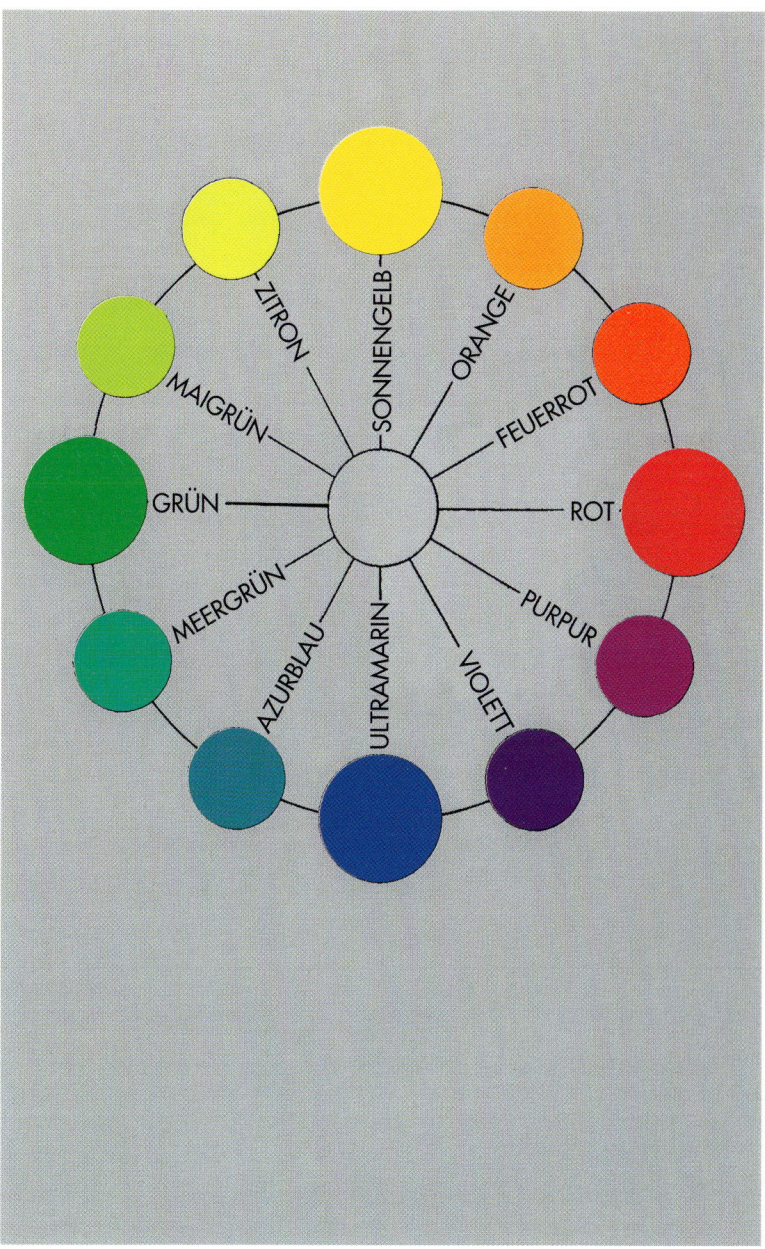

Farbtafel IX   12-teiliger Farbkreis basierend auf den psychologischen Urfarben

1 2 3

7 8 9

13 14 15

19 20 21

25 26

Farbtafel X   Vorzugs- und Ablehnungsfarben

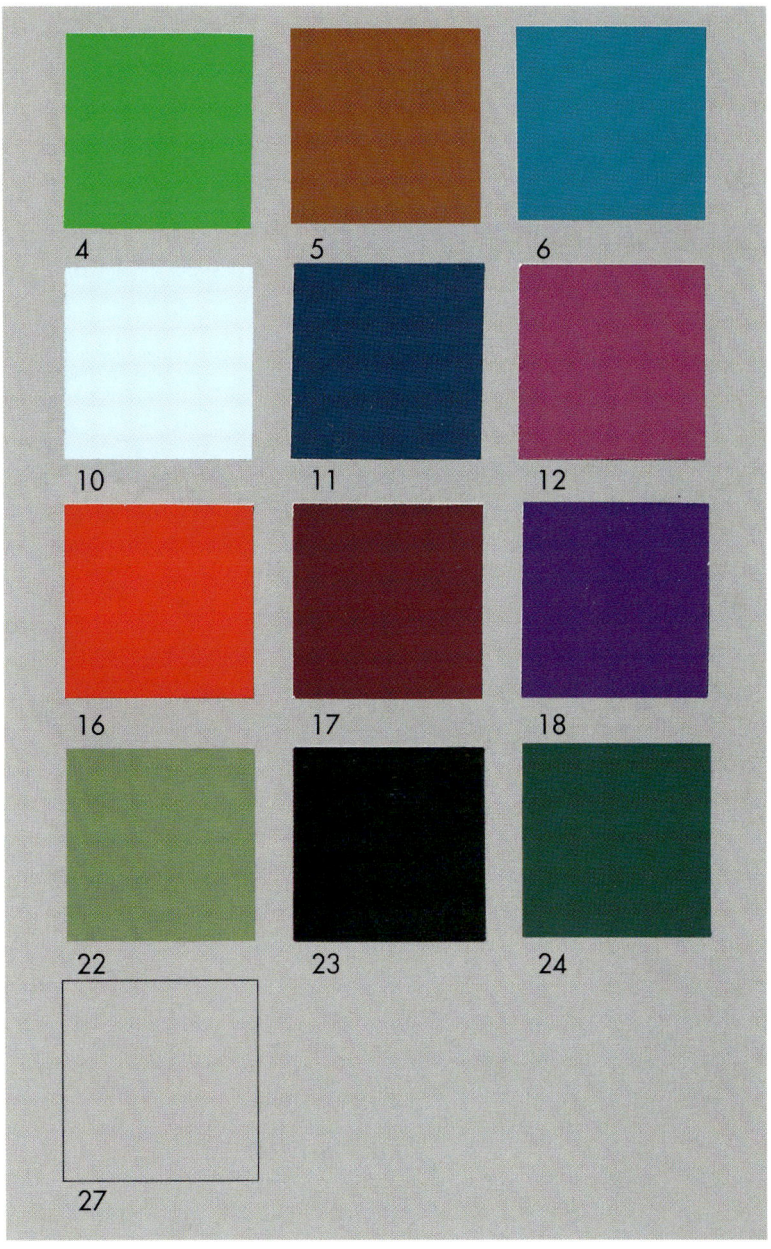

Farbtafel XI   Vorzugs- und Ablehnungsfarben

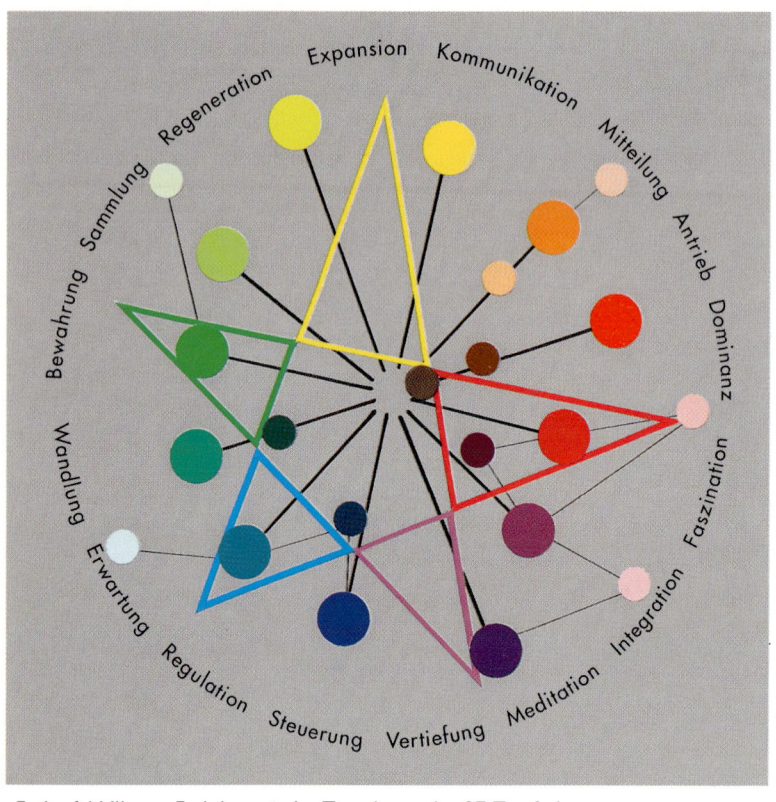

Farbtafel XII   Farbdynamische Zuordnung der 27 Testfarben

Farbtafel XIII   Auswahl der Farbkombinationen

Farbtafel XIV   Auswahl der Farbkombinationen

Farbtafel XV   Auswahl der Farbkombinationen

Farbtafel XVI   Auswahl der Farbkombinationen

Farbtafel XVII Wunder gibt es immer wieder: (siehe auch Text Seite 4)
Versuch I
Decken Sie den grünen Punkt ab und fixieren den roten Punkt mit
beiden Augen ganz konzentriert ca. 60 bis 90 Sekunden lang. Wenden
Sie nun den nach wie vor fixierten Blick nach oben zwischen die beiden senkrechten Linien und Sie werden, sofern Sie alles genau befolgt
haben, Ihr - im wahrsten Sinne des Wortes - „blaues" Wunder erleben.
Versuch 2
Decken Sie nun den roten Punkt ab und fixieren den grünen Punkt in
derselben Weise wie zuvor.
Versuch 3
Sie können auch gleichzeitig beide Nachbilder produzieren, indem Sie
die Mitte der beiden Punkte fixieren und wie gehabt den Blick nach
oben wenden. Aus den beiden vitalen Farben entstehen zwei zarte,
nämlich Himmelblau und Rosa!

Farbtafel XVIII   Die Farbe im Tierkreis

Der natürliche Antrieb des Feuerrots wird unterdrückt, der natürliche Trieb nicht frei ausgelebt.

Bei den Abmischungen mit Weiß geschieht genau das Gegenteil. Interessant ist dabei, daß der Volksmund hierfür keine entsprechenden negativen Begriffe bereithält, wie im Schwarz-Grau-Bereich. So finden sich hier nicht »verhüllen« oder »vergrauen«, sondern »aufhellen«, »erhellen«, höchstens »bleichen«, »ausbleichen«, »verwaschen«. Es geht nicht um Unterordnung und das Ausüben von Druck, sondern um das Erhellen, Aufheben, Auflösen. Weiß löst die Energie, die Vitalität, schwächt sie, verfeinert sie. Die Botschaft der Farbe erscheint in gläserner, zerbrechlicher, sehr zaghafter Form der Pastells. Die Energie erreicht nur noch die feinfühligen, leisen, empfindsamen, sensiblen »Ohren« bzw. Augen. Aus einem kräftigen Rot wird ein zärtliches Rosa. Die Botschaft des Herzens, der Herzlichkeit, der Herzhaftigkeit wird verfeinert, wird schwach, wird zart. Übrig bleibt eine zarte Herzlichkeit, Zärtlichkeit, Zartheit – aber auch Schwachheit, Wehrlosigkeit, ein Ausgeliefertsein, Unselbständigsein. Zwar ist Rosa nicht der polare Gegensatz, aber dennoch das Gegenteil, das kraftlose Gegenstück von Rot.

Das saftig-materielle Grün verliert an Grund, das wachsend Gedeihende findet nur noch in übertragener Form statt, allerdings nicht in der Vitalität von Meergrün, sondern in einer geschwächten Form. Das Materielle wird nicht durch Geist ersetzt, sondern durch Schwäche, durch den Verlust an natürlicher Wachstumskraft, Potenz. Es erhält den Sinn einer übertragenen Wachstumskraft oder, wie Frieling schreibt, eines »sublimierten Triebes«.* Es wird also geträumt von Wachstum auf einer höheren, geistigen, verfeinerten Ebene. So findet sich diese Farbigkeit in der Werbung überall dort, wo es um verfeinerte Nährkraft geht, also z. B. bei edlen Nährcremes und in der Feinschmeckerabteilung.

* H. Frieling, E. Schmidt: *Der Frieling-Test*, Muster-Schmidt-Verlag, Göttingen 1974

Das Blau dagegen, das Erdverbundene, wird leicht, schwebt, hebt sich zum Himmel, die Gedanken fliegen davon – gleich einer Feder im Wind. Sie treiben davon, träumen, verlieren Realität, verlieren sich, werden bodenlos, heimatlos, schwerelos gleich den weißen Wolken am tiefblauen Himmel.

Beim Gelb, das ohnehin schon hell, schon *bodenlos*, der Luft angehörend ist, kann Weiß nicht viel ausrichten. Lediglich die Leuchtkraft schwindet, die Leuchtkraft der Gedanken *erblaßt*, es bleibt ein fader Geschmack.

Sämtliche Pastells haben etwas mit Vitalität zu tun – im übertragenen, geistigen, träumenden und verfeinerten Sinn. Es geht um den Sinn für die schwachen und zarten Seiten des Lebens, für Zärtlichkeit, Sensibilität, Feinfühligkeit, Empfindlichkeit im Positiven wie Negativen. Im Pastell ruht der Sinn für die verborgenen, nicht einfach auf der Hand liegenden Dinge. Wo Zeit und Muße nötig sind, sind die Pastelle nicht weit. Wer nur Stärke in sich fühlt, kann diese nicht entdecken. Nicht zufällig bevorzugen Kleinkinder, selbst ja noch zarte Geschöpfe, und überhaupt alle »zartbesaiteten Menschen« die Pastellfarben.

Vorzug und Ablehnung

An unseren Vorzugs- und Ablehnungsfarben können wir unsere Vorlieben und Abneigungen, ja unsere Blockaden ablesen. Sie verraten uns das Thema, das uns gerade am meisten beschäftigt, geben den Zugang frei zu unseren innersten Träumen, Wünschen und Problemen. Sie können aber auch ganz allgemeine Entwicklungs- und Motivationstendenzen anzeigen, die sich dann in größer angelegten Testuntersuchungen bemerkbar machen.

Am deutlichsten kann man dies bei »*Gleichgesinnten*« erkennen, die »unter einer Fahne« bzw. unter einem Motto »marschieren«, bei gleichen Berufsgruppen. Sie haben meist auch eine dominierende Vorzugsfarbe, die sie verbindet; oft gehören sie auch zur gleichen

Altersgruppe, die dieselbe Entwicklungsstufe, dieselbe Problematik durchläuft.

Hierzu ein einfaches Beispiel: Jeder hat sicher schon bemerkt, daß unsere Kleinsten, die Kindergartenkinder, Rosa und Pink bevorzugen. Ohne diese Farbe geht es bei den Kleinen nicht. Die Jugendlichen hingegen bevorzugen andere Farben. Sie verbinden die gemeinsamen Themen Schule, Pubertät, erste Liebe, Ablösung vom Elternhaus, Berufsfindung usw., was auch gemeinsame Farbvorlieben mit sich bringt. Die Farbhäufungen für das Alter zwischen 20 und 40 entspringen dem sogenannten »Renn- und Hetzalter«. Dann folgen die Farbtendenzen für das Alter zwischen 40 und 60, in dem man schon einiges erreicht hat und sich bereits mehr um die Gesundheit kümmern kann oder muß. Und schließlich gibt es die Farben des Rentenalters, des Lebensabends. Dies sind jetzt einige pauschal formulierte Tendenzen, die sich in bestimmten Lebensabschnitten konstatieren lassen und in Farbtests zahlenmäßig niederschlagen.

Von Frieling und Nemcscis gibt es eine Reihe Untersuchungen über den Zusammenhang von Farbpräferenz, Altersstufe und jeweiligem Geschlecht, die jedoch teilweise überholt sind. Die Nachkriegsgeneration, die die Grundlage für diese Erhebungen bildete, lebte unter völlig anderen Bedingungen, mit anderen Trends und Zeitströmungen.

Am Beispiel der Farbe Grün möchten wir dies näher verdeutlichen. In der Zeit, in der Frieling seine Untersuchungen durchführte, war das Blattgrün – das weder gelb- noch blauanteilige, neutrale Grün – das bevorzugte Grün. Für die Nachkriegsgeneration standen Geborgenheit und materielle Sicherheit im Vordergrund. Das blauanteilige Grün, das Meergrün, hingegen war eher bedeutungslos.

In den 90er Jahren ist es genau umgekehrt: Blaugrün rangiert mit an erster Stelle der Vorzugsfarben, weil es für geistige Sicherung, Wandlung, Lösung und Befreiung – von was auch immer (etwa vom Alltagsfrust oder der Langeweile) – steht. Das Interesse ist groß am Woher und Wohin, am tieferen Sinn des Lebens. Die Frage nach einer gesunden Ernährung wird immer wichtiger, ebenso verstärkt sich das Interesse an Esoterik. Bei der Begeisterung für Esoterik spielt zudem die Kombination mit dem blauanteiligen Rot, dem Purpur der Selbstfindung auf der intellektuellen (blauanteiligen) Ebene mit herein. Die Suche nach dem tieferen, tiefgründigen Wissen und nach den »wahren Werten« ist heute stark verbreitet – satt sind wir ja alle. Erst das Thema Rezession läßt uns wieder aufhorchen und auch die gelbanteiligen – die vitalen, aktiveren – Farben wieder interessant werden.

Um jedoch beim Beispiel des Grüns und seiner Bedeutung zu bleiben: Interessant ist auch, wann Frieling den Zeitpunkt ansetzt, an dem ein Kind das Grün zum ersten Mal bevorzugt. Es geschieht nämlich genau dann, wenn das Bewußtsein der materiellen Welt aufkommt und dem Kind klar wird, »aus dem mütterlichen Schoß entlassen« zu sein, also im Alter von 10 bis 12 Jahren, in dem man sich seiner selbst, des eigenen Körpers und dessen selbständiger Sicherung bewußt wird und kurz vor der Pubertät steht. Zu diesem Zeitpunkt versteht das Kind »die Division als Ur-Teilung« und gewinnt damit »die Welt in ihrer Substanzhaftigkeit«.

Die oben ausgeführte Farbbevorzugung in der genannten Altersgruppe können wir heute nicht mehr bestätigen, denn die Jugend von heute ist eine andere als die zur Zeit der Untersuchungen Frielings. Sie bevorzugt Ultramarin und zeigt sich nach außen (in Kleidung etc.) in Schwarz. Ultramarin, das Thema der Vernunft und der Ratio, gilt heute wie früher. Das Grün wird heute jedoch durch Schwarz ersetzt. Für die Jugend der fünfziger und sechziger Jahre, mit der die von Frieling angeführten Untersuchungen durchgeführt wurden, war die Sicherung des Materiellen noch ein wesentliches Thema, denn nicht nur die Pubertät stand für die genannte Altersgruppe ins Haus, auch erste Gedanken, die die Berufswahl betrafen, traten in den Vordergrund. Die meisten dieser Generation verließen ja bereits mit vierzehn Jahren die Schule und gingen in den Beruf. Heute dagegen geht es in diesem Alter lediglich um die Frage, welchen Schulzweig man wählen soll. Themen wie »Ratio«,

»Vernunft« und »Sicherungstrieb« manifestieren sich heute auf einer anderen Ebene. Es geht primär um das eigene Zimmer, den ersten CD-Player etc., also nicht um Selbstsicherung in der natürlichen Form. Sie ist ja nicht notwendig. Ein Teil der natürlichen Farbentwicklung erfolgt auf diese Weise erst sehr viel später. Grünbevorzugung wird ersetzt durch Schwarzbevorzugung. Letztere signalisiert unbewußtes Auflehnen gegen jene, die einem die natürliche, selbständige Sicherung und Selbstwerdung »verweigern«: gegen Schule und Elternhaus.

Grünbevorzugung taucht überall dort auf, wo es um die materielle Sicherung im weitesten Sinn geht: vom vollen Magen bis hin zu den eigenen vier Wänden. Wer beispielsweise gerade sein Haus gebaut hat, tendiert zu Grün. Ebenso der Firmenchef, der seinen Betrieb und die Arbeitsstellen für sein Personal zu sichern hat. Oder aber derjenige, der seinen eigenen kleinen Bereich sichern will. Es gäbe noch viele Beispiel mehr. Allen gemeinsam ist, daß es eine Frage der Zeit und des Zeitgeistes ist, ob und wann eine Farbe als Vorzugsfarbe auftaucht oder nicht.

Mit diesem Beispiel wird auch deutlich, wie Farbe wirkt, daß nicht die Zeit die Farbe ändert, sondern der Zeitgeist oder die persönliche Entwicklung ein neues Thema und folglich eine neue Farbe fordern. Sicher fallen Ihnen dazu bestimmte Zeitphasen aus den letzten Jahren ein, in denen Sie diese oder jene Farbe besonders mochten. Vergleichen Sie das Lebensgefühl der damaligen Zeit mit der Aussagekraft jener bevorzugten Farbe. Bestimmt erkennen Sie einen Zusammenhang.

Farbbevorzugung bei Kleinkindern

Mit der Farbbevorzugung bei Kleinkindern haben wir uns in einer Untersuchung im Sommer 1994 befaßt. Zu diesem Zeitpunkt gab es noch keine Farbuntersuchung für diese Altersgruppe. Im Mittelpunkt unserer Arbeit stand eine Personengruppe im Alter zwischen drei und sechs Jahren, deren Tagesablauf davon bestimmt ist, gemeinsam zu spielen, zu sprechen, zu essen, zusammenhängende Verse zu lernen, die Feinmotorik der Hände und Finger beim Basteln und Spielen zu üben, das Stillsitzen zu lernen etc. Hierbei sind die wichtigsten Aspekte für die Kinder das Sich-Zurechtfinden in der Gruppe und die Vorbereitung auf die Schule als Hineinwachsen in das Leben.

Nach Meinung von Frieling und anderen großen Farbpsychologen der ersten Generation ist diese Altersgruppe noch gar nicht testfähig. Wir wurden aber eines Besseren belehrt. Allerdings haben wir den Test auch nicht mit den üblichen Testtafeln durchgeführt, sondern mit einem eigens dafür gebauten Puzzle. Dieses Puzzle hat die Form eines fünfeckigen »Balls«, den die Kinder ausfüllen sollten. Zu berücksichtigen ist, daß die Kinder zum Räumlichen noch keinerlei Bezug haben. Oben und unten gibt es für sie auf der Fläche noch nicht, zumindest nicht auf der Testvorlage unseres »Balls«. Es war auffallend, daß der Großteil der Kleinen immer im unteren rechten Feld zu legen begann. Von dort aus legten sie entweder nach links oder rechts die weiteren Puzzleteile an und waren dabei darauf bedacht, möglichst nicht aus dieser Ecke zu kommen, sondern die Vorlage immer so zu drehen, daß unten rechts das nächste Teil gesetzt werden konnte.

Es kann zusammenfassend festgehalten werden, daß die Lege- und Schreibweise der Kinder erstaunlicherweise von der der Erwachsenen abweicht. Während die Erwachsenen überwiegend oben links beginnen, wählten die Kinder den entgegengesetzten Ausgangspunkt.

Ansonsten waren wir sehr überrascht, wie zielsicher und schnell die

Kleinen in der Lage waren, das Puzzle korrekt zu füllen. Unsere farbigen Puzzleteile waren gut erreichbar und bunt um die Testvorlage gestreut. Und das Ergebnis war überwältigend:

Beginnen wir bei den ganz Kleinen, den Dreijährigen. Als Vorzugsfarbe gaben sie überwiegend das dunkle Violett an und als Ablehnungsfarbe das im Farbweltbild genau daneben liegende Schwarz. Zwei »Farben«, die so eng beieinanderliegen, werden auf diese Weise deutlich getrennt. Die Kleinen beginnen im unteren rechten Teil des Farbraums. Sie kommen (symbolisch betrachtet) also aus dem tiefsten Erdpunkt, den Wurzeln des Violetts. Interessant ist, daß das Handeln – also das Spielen innerhalb des Puzzles – bereits in der nächsten Farbe, den Farbkreis (bzw. die Farbkugel) hochwandernd in der mehr rotanteiligen Farbe, dem Purpur, vonstatten geht. Dazu taucht bei den Kleinen noch häufig das Maigrün als zweite Vorzugsfarbe auf. Sie bewegen sich also in der Farbigkeit von Violett hoch zu Purpur und der Polarität Maigrün – dem Thema von »Wachsen und Werden«. Vermutlich beginnen die Kleinkinder sogar in der Achsenfarbigkeit von Zitron und Violett, doch dies zu erfahren war uns nicht möglich, da diese Entwicklungsstufe schon vor dem Kindergartenalter beginnt und sich auch die Maigrünbevorzugung bei den älteren sehr schnell verliert.

Maigrün und Purpur, die Achse von »Wachsen und Werden«, bedeutet passiv offen und aktiv geschlossen sein, passiv aufnehmen und innerlich verarbeiten und staunen, mit offenem Mund dastehen und zuhören, Märchen hören. Die Kreativität, die Welt der Phantasie, die Welt zwischen Schein und Sein, die Welt zwischen übersinnlicher und wahrer Realität, die Traum- und Märchenwelt, »die Wurzelkinder« – genau dies ist die Welt der Kleinen. Auffallend ist, daß von dieser Altersgruppe das Orange, die Farbe der aktiven Kommunikation, häufig abgelehnt wird. Sie hat eine förmliche Scheu vor dieser Farbe. Aktiv zu kommunizieren ist noch kein Thema für die Kleinen. Sie stehen noch viel lieber einfach da und staunen.

Diese betonte Scheu legt sich dann mit zunehmendem Alter. Orange wird jedoch in den Kindergartenstufen nach wie vor nicht benützt; es wird ignoriert. Die Kinder wandern in ihrer mehrheitlichen Farbbevorzugung den Farbkreis hoch bis zum Rot im Einschulungsalter, aber wirklich nur bis zum Rot. Es ist selten, daß sie schon bis zum gelbanteiligen Rotorange gelangen.

Die anderen kräftigen Farben sind für diese Kinder noch uninteressant. Es ist vor allem der untere rechte Kreisabschnitt der Vollfarben, der benützt wird, und die Pastellfarben, wobei hier auch wieder der Bereich von Lila und Rosa dominiert.

Interessanterweise gilt die Vorliebe für Rosa und Lila ebenso für Jungen wie für Mädchen. So wird deutlich, daß sich die Jungen in dieser Phase noch zu ihrer Zartheit und zu ihrem Zärtlichkeitsbedürfnis bekennen. Erst im Erwachsenenalter bevorzugen sie in der Überzahl das Himmelblau, während die Frauen weiterhin stark zum Rosa tendieren. Folglich kann festgehalten werden, daß sich der Mann im Stadium des Erwachsenseins nicht mehr zu seinem Bedürfnis nach Zartheit und Zärtlichkeit bekennt (»ein Junge weint doch nicht!«), sondern eher die passiv sehnende Seite in sich – das Himmelblau – betont.

Zurück zum Kindergarten und den Kleinkindern:
Der Gelb-Grün-Bereich taucht in Pastellform überhaupt nicht auf. Das Thema von Aufnehmen und Sammeln findet hier nur in aktivster Form statt. Maigrün, das vitale gelbanteilige Grün, ist überhaupt die einzige Vollfarbe, die innerhalb der linken, der passiven Seite des Kreises gewählt wird. Es tauchen weder Grün noch Blau auf. Sicherheitsdenken und Ruhebedürfnis sind in dieser Altersgruppe noch kein Thema. Die Kleinen brauchen zwar Ruhe und Schlaf, aber sie sorgen sich noch nicht darum. Ruhe und Schlaf finden meist noch in der verordneten, unfreiwilligen Form statt: entweder durch das Beharren der Eltern darauf, daß das Kind jetzt seinen Schlaf braucht und ins Bett muß, oder in der zweiten, ebenfalls unfreiwilligen und häufig zu beobachtenden Form, daß das Kind einfach – im wahrsten Sinne des Wortes – umfällt und schläft. Mit dem Thema der materiellen Sicherheit ist es ähnlich: Das Kind

braucht das Grün noch nicht, da es von den Eltern umhegt und gepflegt wird. Lediglich in Einzelfällen wird es wichtig; dann aber handelt es sich um Kinder, die schon früh Eigenverantwortung tragen müssen, z. B. jene, die bereits selbständig mit dem Bus in den Kindergarten fahren. Ultramarin dagegen, die Farbe der Vernunft, wird von nahezu allen Kleinkindern gern benutzt.

Die Kinder bevorzugen am Ende ihrer Kindergartenzeit aus dem Bereich der Vollfarben vor allem das Rot und Ultramarin. Auch der Bereich dazwischen – Violett und Purpur – ist nach wie vor beliebt. Im Laufe ihrer Entwicklungszeit, also bereits in der Schule, kommt dann die Vollfarbe Gelb hinzu. Gelb – die Farbe der Beweglichkeit, des freien Geistes, des freien selbständigen Denkens – setzt das Durchleben der Rotphase voraus. Und erst viel später – also ab zwölf Jahren vor und in der Pubertät – rückt dann das Ultramarin, die Farbe der Vernunft und des klaren Verstandes, an die erste Stelle der Gunst.

Es sind also vor allem zuerst einmal drei Urfarben Rot, Gelb und Ultramarin und die Mischung aus Rot und Blau, die im Vordergrund stehen. Die Zwischenfarben, d. h. die Zwitterfarben – hier vor allem das Orange –, sind für Kinder noch uninteressant, auch beim Malen von Bildern, es sei denn, die Farbe wird gebraucht, um Lautstärke zu zeigen, abzubilden. Wir selbst haben einige Kinderbilder, die dies dokumentieren.

Ein Bild beispielsweise, das uns vorliegt, handelt von einem Popkonzert, das ein Junge mit seinem Vater besucht hatte und das ihn so stark beeindruckte, daß er es in Farben und Formen festhalten wollte. Auf der Zeichnung ist der ganze »Vorhang«, der beim Konzert selbst sicher nicht vorhanden war, d. h. die gesamte Fläche des Bildes, in Orange gehalten. Ferner ist eine Band dargestellt, die oben auf der Bühne thront. Auf meine Frage, wo sich denn der Junge selbst im Bild befinde (das Ich findet sich meist in Form eines roten »Körpers« oder »Teils« wieder, und ein solches war nicht zu entdecken), zeigte er auf den Mann am Synthesizer, der in seinem schwarzen Gewand das Zentrum bildete. Hier hatte also nur noch das Schwarz genügend Kraft, Stärke und Selbstbewußtsein, um gegen die Lautstärke bestehen zu können.

Etwas Ähnliches sehen wir auf einem Bild, auf dem eine Harley Davidson mit einem knalligen, orangefarbenen Sattel dargestellt ist. Eine schwarze Maschine mit einem orangefarbenen Sitz! Ansonsten findet sich wenig Orange in den Bildern von Kindern.

Schauen Sie zu diesem Thema mal in die Malkästen von Kindern: Am wenigsten abgenützt werden zunächst meist die Grau- und Brauntöne, überhaupt die undefinierbaren »Unbunten«, »Gebrochenen« und vor allem die Orangestifte. Was am häufigsten neben Rot, der absoluten Vorzugsfarbe, benützt wird, ist das Schwarz, die Farbe der Härte, der Abgrenzung und des Absolutheitsanspruches. Diese wird beim Malen so gern gebraucht wie Rot, Gelb und Ultramarin. Grün ist für Wiesen, Sportplätze, Pflanzen und dergleichen unerläßlich. Es wird jedoch nur abbildend verwandt, nicht etwa, um damit etwas auszudrücken oder darzustellen.

In anthroposophischen Farbkästen ist Schwarz als »unbelebte Nichtfarbe« überhaupt nicht enthalten. Hier ist es vor allem das dem Schwarz am nächsten liegende Violett, das zum Einsatz kommt, und dies noch nach der Kindergartenzeit in den Grundschulklassen. Das Weglassen von Schwarz ist eine pädagogisch-erzieherische Maßnahme, die man so nicht gutheißen kann, denn sie stellt eine Manipulation der Persönlichkeit dar. Hier wird bereits in einem Frühstadium das sogenannte »Böse« einfach ausgeklammert. Das Kind kann also gar nicht damit vertraut werden und den richtigen Umgang mit diesem Medium erlernen. Es muß sich ja behaupten können, wenn das Rot nicht mehr ausreicht. Es muß sich abgrenzen können, um Härte und Dominanz zu zeigen oder einfach seinem Ärger »freien Lauf« zu lassen.

Unser Sohn wurde kurz nach der Einschulung von größeren Jungen auf dem Heimweg verprügelt. Er kam völlig verstört nach Hause und war den ganzen Nachmittag zu nichts zu bewegen, saß nur stumm in der Ecke des Zimmers. Gegen Abend griff er dann zu Pinsel und Farbe und malte ein Bild, dessen Fläche komplett mit Schwarz bedeckt war, nur am Rande konnte man angedeutet sehen, was bedeckt war, nämlich Rot – sein Rot, sein Ich. Es klingt vielleicht zu einfach, aber es war tatsächlich so. Von da an war er wieder in der Lage, zu sprechen, zu lachen und am Familienleben teilzunehmen. Er hatte seinen Ärger nicht »runtergespült«, wie es die Erwachsenen zu tun pflegen, nein, er hatte ihn ganz einfach »heruntergemalt« (siehe Kapitel 9, »Farbe und Therapie«).

Farbbevorzugung im Alter

Nach dieser beeindruckenden Untersuchung der Farbbevorzugung von Kleinkindern stellten wir uns die Frage: Wenn die Kleinen im Farbkreis ihren Lebensweg unten rechts beginnen und parallel zu ihrer Entwicklung den Farbkreis hoch wandern bis zum Rot, so wäre es denkbar, daß die alten Menschen auf der anderen Seite des Kreises von Grün bis herunter zum Violett ihren Lebensweg beenden.

In einem unserer Seminare fand sich eine Teilnehmerin, die Interesse an dieser Untersuchung als Abschlußarbeit der dreijährigen Farbberater-Ausbildung zeigte.* Sie untersuchte die Farbvorlieben von Menschen im Alter. In ihrer Forschungsarbeit wird unterschieden zwischen Altenheiminsassen und selbständig lebenden Personen sowie zwischen Männern und Frauen, zwischen verschiedenen Altersstufen und vielem mehr. Hier wollen wir aus ihrer hochinteressanten Arbeit nur einige Aspekte für unsere spezielle Fragestellung heranziehen: »Gehen die Alten den Farbkreis zu Ende?«

Es zeigte sich, daß unsere Vermutung nur teilweise bestätigt wurde, und zwar insofern, als es in der Tat die Frauen sind, die den Kreis

* Silke Weinert: *Farbe im Alter*, Diplomarbeit 1994, ICA – International Colour Academy

herunterwandern, allerdings nur bis zum Ultramarin. Dabei werden tatsächlich die Farben der linken Seite mehr bevorzugt von Grün bis Ultramarin, und hier vor allem das dazwischenliegende Blau, die Farbe der Ruhe, des Ausharrens, des Duldens, des Erduldens. Weniger bevorzugt wird das gleich danebenliegende blauanteilige Grün, das Meergrün, die Farbe der Lösung, der Wandlung, der inneren Werte.

Interessant ist, daß die Männer in der Regel schon im Grün, der Farbe der materiellen Sicherung, der Sicherung des eigenen Bereichs, ihre Wanderung durch den Farbkreis beenden. Für Violett, die Farbe der Tiefe, hatten die »alten Herren« am wenigsten Interesse – diese wurde eher abgelehnt. Purpur, die Farbe des geistigen Ich und der Selbstwerdung, wurde sogar doppelt so häufig abgelehnt wie Violett. Und das Überraschendste in diesem Zusammenhang ist, daß die alten Menschen diese beiden Farbtöne sehr fein unterscheiden können, ausgerechnet zwei Farbtöne, die sehr eng beieinander liegen und von Altersgruppen mittlerer Jahrgänge, denen die entsprechenden Themen nicht so am Herzen liegen, häufig verwechselt werden.

Über die Ablehnungsfarbigkeit kamen wir also unserer Vermutung näher. Die Achsenfarbigkeit von Purpur zu Maigrün bis hoch zum Zitron (Frieling-Testfarbe »Grüngelb«) ist für ältere Menschen uninteressant. Das Thema Neubeginn, Wachsen und Werden haben sie ja in den verschiedensten Phasen schon mehrere Male durchlebt. Sie bewegen sich vielmehr in der Achsenfarbigkeit der Lebensachse von Grün bis Blau und Orange bis Rot. Hier dominiert das Rotorange, die Farbe der Kraft, der Energie, die doch bei den alten Leuten spürbar nachläßt. Parallel dazu bevorzugen sie die »zarten« Pastelle von Rosa über Lila zum Himmelblau.

Erstaunlich ist, daß dies ein recht buntes Spektrum ergibt, das alte Leute bevorzugen, erstaunlich insbesondere, wenn man bedenkt, wie sich ältere Menschen nach außen der Umwelt zeigen. Betrachtet man die Kleidung, so entsteht zumeist ein völlig anderes Bild.

Um nun auf unsere Vermutung zurückzukommen, daß die Senioren ihren Lebensweg im Violett zu Ende gehen, erhielten wir am Ende der Untersuchung doch noch eine Bestätigung. Bei der Diplomprüfung stellte Prof. Dr. Antal Nemcsics die Frage: »Und wie erklären Sie sich, daß in den Sechzigern bei einer ähnlichen Untersuchung in Ungarn die alten Leute das Violett mit am häufigsten als Vorzugsfarbe wählten?«

Nun hatten wir tatsächlich den Beweis, daß zumindest in den sechziger Jahren die alten Leute bereit waren, bewußt den Weg (d. h. den Kreis) zu Ende zu gehen: zurück zu den Wurzeln. Die alten Menschen heute sind nicht mehr bereit oder nicht mehr in der Lage, bewußt diesen Weg zu gehen. Ja, sie haben eine förmliche Scheu, sich mit den tieferen, inneren Werten auseinanderzusetzen. Die Medien gaukeln uns ja eine heile, oberflächliche Welt vor. Die märchenerzählende Großmutter ist eine Seltenheit geworden. Das Thema Tod wird weitestgehend umgangen.

Hierzu sei natürlich nochmals betont, daß es sich bei dem oben Erwähnten um Gruppenuntersuchungen handelt. Deshalb sind Rückschlüsse auf individuelle Personen nicht zulässig, was im übrigen für alle Gruppenanalysen gilt. Mit diesem Beispiel wollen wir das Thema der Farbbevorzugung beenden. Im weiteren sollen die Methoden der Farbtests hinterfragt werden. Dabei gilt es, die gängigsten vorzustellen und ihre Funktionsweise näher zu erläutern.

Farbtests werden von ihren Befürwortern als ein »gutes Werkzeug«, von den Gegnern aber – und dazu zählen vor allem die Psychologen der jüngeren Generation – als »Hokuspokus« bezeichnet.

5 Farbtests –
Farbwahlverfahren

Daß Farbtests funktionieren, können Sie in diesem Buch selbst erproben. Daß sie nicht zwangsläufig gut sind, ist offensichtlich, denn nur, wenn den jeweils verwendeten Farben auch die *richtigen* Begriffe zugeordnet werden, können taugliche Aussagen zustande kommen.

Es gibt eine ganze Reihe von Farbtests. Auf drei verbreitete, in gewisser Weise »Urfarbtests«, werden wir näher eingehen. Zum besseren Verständnis wollen wir zunächst einen einfachen Vierfarbtest konstruieren, der auf den vier Urfarben basiert. Da es sich dabei um urbildliche Farben handelt, können Sie diesen Test sogar ohne visuelle Unterstützung ausführen.

Sie haben Rot, Blau, Gelb und Grün zur Verfügung. Überlegen Sie nun, welche dieser vier Farben Sie zuerst anspricht (und lassen Sie sich dabei ruhig Zeit). Sortieren Sie so die vier Farben in der Reihenfolge, wie Sie Ihnen gefallen, bis zur letzten, der vierten, die Ihnen am wenigsten gefällt. Die Auswahl zeigt an, wie Ihr momentanes Verhältnis zu den Grundprinzipien *cholerisch-aktiv, sanguinisch-leichtfertig, phlegmatisch-gelassen* und *melancholisch-schwermütig* ist. Konkreter:

Die erste Farbe zeigt Ihnen Ihr momentanes Temperament und die Art an, wie Sie an eine Aufgabe herangehen:

– Haben Sie *Rot* an erster Stelle gewählt, so bedeutet dies, daß Sie eine Aufgabe mit Begeisterung aktiv, dynamisch und zielorientiert anpacken.

– Haben Sie *Gelb* an erster Stelle gewählt, so bedeutet dies, daß Sie eine Aufgabe leichten Herzens mit viel Ideen und Ausschau nach den verschiedensten Möglichkeiten angehen.

- Haben Sie *Blau* an erster Stelle gewählt, so bedeutet dies, daß Sie eine Aufgabe mit Kopf, mit Überlegung und Vernunft angehen.
- Haben Sie *Grün* an erster Stelle gewählt, so bedeutet dies, daß Sie eine Aufgabe ruhig und besonnen, eher etwas phlegmatisch oder mit Absicherungstendenz angehen.

Die zweite Farbe verrät Ihnen, wo Ihre Ziele, Wünsche und eigentlichen Tendenzen liegen:

- Haben Sie *Rot* als zweite Farbe gewählt, so bedeutet dies, daß Ihr »Feuer«, Ihre Dynamik erst an zweiter Stelle kommt.
- Mit *Blau* an erster Stelle:
  Sie werden also erst nach reiflicher Überlegung, nach Logik und Sinn aktiv.
- Mit *Gelb* an erster Stelle:
  Sie werden erst nach Abklären und Abwägen aller nur denkbaren Möglichkeiten und Variationen aktiv.
- Mit *Grün* an erster Stelle:
  Sie werden erst nach Abklären des Zwecks, der Sicherheit, ob sich der Einsatz überhaupt lohnt, aktiv.
- Haben Sie *Gelb* als zweite Farbe gewählt, so bedeutet dies, daß Ihr sanguinisches Temperament erst in zweiter Linie in Ihren Zielen und Wünschen zum Tragen kommt.
- Mit *Rot* an erster Stelle:
  Folgt die Orientierung (Gelb) erst, nachdem Sie bereits mitten in der Aktion stehen.
- Mit *Blau* an erster Stelle:
  folgt die Orientierung erst nach logischer Konsequenz, d. h., Sie gehen eine Aufgabe vorrangig mit dem Kopf an und checken sämtliche Möglichkeiten ab. Da hier Rot erst an dritter oder letzter Stelle kommt, halten Sie Ihre Energie noch zurück.
- Mit *Grün* an erster Stelle:
  folgt die Orientierung erst nach ruhig besonnener Absiche-

rung – also doppelte Absicherung. Da auch in dieser Kombination das Rot, die Dynamik, erst an dritter oder letzter Stelle kommt, halten Sie Ihre Energie bis zuletzt zurück, was sowohl für ein phlegmatisches Temperament als auch für ein gutes Durchhaltevermögen sprechen kann.

Doch das Durchhaltevermögen kann natürlich nicht mittels dieses einfachen Tests beurteilt werden, da nur die Möglichkeit der vier Grundfarben vorhanden ist und es am Schluß keine Alternativen mehr gibt. So können die letzten beiden Farben nur mit der Tendenz der Abneigung bewertet werden. Dies zeigt die Grenzen eines einfachen Tests auf. Er kann lediglich die Tendenz Ihres Temperaments und die Art, wie Sie eine Aufgabe anpacken, zeigen. Er kann aber noch nicht verraten, wie Sie die Sache zu Ende bringen. Hierzu bedarf es dann einer differenzierteren Auswahl und einer Mehrfachverwendung gleicher Farben.

Soviel zur primären Funktion von Farbtests, und damit kommen wir auch gleich zum *Lüscher-Test*, der auf diesem einfachen – für jedermann schnell zu erfassenden – Prinzip basiert und danach funktioniert.

Lüscher-Test

Zur Zeit befinden sich mehrere Versionen des Lüscher-Tests auf dem Markt. In den fünfziger Jahren gab es ursprünglich von Lüscher »den großen klinischen Test« mit 25, zum Teil paarweise angeordneten Farben und den kleinen Test mit acht Farben. Die Vorgehensweise ist wie in unserem obigen Beispiel, wobei die vier Lüscher-Grundfarben (Dunkelblau, Blaugrün, Orangerot und Gelb) noch Modifikationen erhalten, und zwar Braun, Purpurviolett, Schwarz und ein mittleres Grau.

Lüscher baut seinen Test auf dem von ihm angenommen »Vier-Farben-Menschen« auf, der die Wahl hat zwischen autonomselbstbestimmt/Rot-Grün und heteronom-fremdbestimmt/Gelb-Blau. Die Modifikationen, sowie die Unbunten Schwarz und Grau, mit deren Bedeutung Sie ja bereits vertraut sind, haben nachrangige Wichtigkeit. Es muß angemerkt werden, daß Lüscher das positiv-kreative Potential unterschätzt, indem er dem Purpur lediglich die einfache, unterste Stufe der Aussagekraft zubilligt – nämlich das narzißtische Element des Purpur-Liebhabers, der nur »bezaubern möchte«.

Wie bereits erwähnt, gibt es derzeit einige Lüscher-Varianten, eine sogar als PC-Version. Alle sind relativ unkompliziert und, da sie vor allem die momentane Situation erfassen, spontan überzeugend.

Der Umstand, daß Lüscher in der ursymbolischen Farbzuordnung die Elemente *Erde* und *Wasser* vertauscht, wiegt in der Aussage nicht so schwer, da dies von der Tendenz her beides absichernde Farben sind, die *urmütterliche* Symbolik (»Mutter Natur« und »Mutter Erde«) enthalten. Des weiteren ist das Grün bei ihm kein Urgrün (kein Neutralgrün, das weder Gelb noch Blau enthält), sondern eher ein dunkles blauanteiliges Grün, das mehr die Aussagekraft des Meergrüns enthält, einer Mischfarbe, die bereits *Erd*-Anteile enthält, die zudem durch den dunkeltonigen Charakter be*schwert*, ver*tieft* werden.

Ähnlich verhält es sich beim Blau: Auch dieses ist verhüllt und hat eine Grüntendenz. Beide Farben liegen im CIE-Farbkreis relativ dicht beieinander und repräsentieren weder das Urgrün (ca. 150 Grad) noch das Urblau (ca. 250 Grad).

Pfister-Farbpyramiden-Test

Ganz anders als der Lüscher-Test ist der Pfister-Pyramiden-Test aufgebaut. Hierbei geht es nicht um eine Rangfolge von Farbvorlieben, sondern um ganze Ensembles von Farben. Der Proband wird aufgefordert, drei vorgezeichnete Pyramiden mit je 15 Feldern *schön* auszulegen. Dazu steht ihm ein Haufen von Farbmustern, anders läßt sich die Menge von 15 × 24 = 360 Farbplättchen kaum beschreiben, zur Verfügung. Nach den drei *schönen* Pyramiden darf die Testperson ihre Abneigungen zeigen, indem sie aufgefordert wird, drei *häßliche* Pyramiden zu gestalten. Die Auswertung ist wesentlich komplizierter als beim Lüscher-Test, wenngleich beide Verfahren zu gruppenspezifischen Aussagen führen, wie wir es im Eigenverbrauch zusammen mit Dr. Frieling und in Farbberater-Kursen erleben konnten.

Der Pyramiden-Test bezieht seine Informationen aus der Art, wie die Farben gelegt werden, ob beispielsweise *schwere* unten und *leichtere* oben, ob aus bestimmten Farben ein *Mantel* gebildet wird und dergleichen. Die Interpretation bezieht sich jedoch nicht darauf, wie der einzelne mit welchen Farben gearbeitet hat, sondern hauptsächlich darauf, inwieweit seine Legefolgen oder Bilder mit anderen in zahlreichen Versuchen als *gruppenrelevant* beurteilten Bildern übereinstimmen oder davon abweichen. Dieses *Schubkastenvorgehen* anstelle der Betonung des Individuellen läßt ihn wohl deshalb auch für die *moderne* Psychologie als einzig *taugliches* Farbtestverfahren erscheinen.

Frieling-Test

Zuletzt wollen wir noch kurz auf den Frieling-Test eingehen. Er findet sich nach der eben zitierten psychologischen Meinung in der *mystischen* Ecke in guter Gesellschaft von Sigmund Freud und C. G. Jung. Dies ist auch die richtige Umgebung, denn Frielings Test wurde 1949 ganz im Sinne von Freud, Jung und Adler konzipiert und kann als Instrument des Analytikers angesehen werden.

Nach Frielings eigenen Worten entstand der Test als Beweis des Goethe-Spruches: »Nichts ist drinnen, nichts ist draußen, denn was innen, das ist außen.«

Frieling ging davon aus, daß Goethe mit seiner Aussage recht hatte.

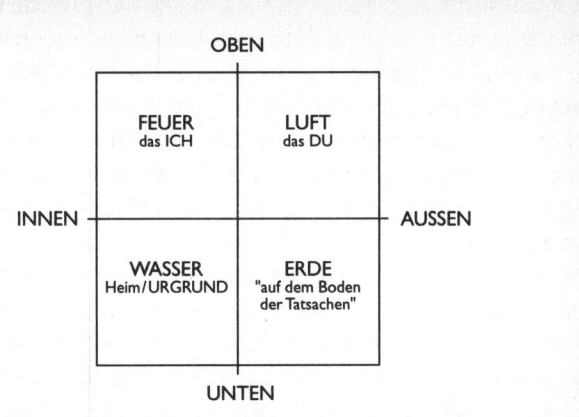

Abb. 11   Das Projektionsfeld

Er leitete daraus ab, die *innere Farbskala* des Menschen müsse durch ein geschickt aufgebautes Testverfahren nach außen projizierbar sein und könne dort interpretiert werden. Damit sind wir wieder bei der Formel Mikro- gleich Makrokosmos, einen der wesentlichsten Grundsätze der ganzheitlichen Weltsicht oder besser noch: der Weltschau. Das setzt aber voraus, ein Testverfahren zu entwickeln, das dem Probanden die *Welt im Kleinen* zugänglich macht.

Wie bereits bekannt, geht die uns innewohnende Symbolik von den vier Urelementen *Feuer, Erde, Wasser, Luft* aus. Diese werden erweitert auf zwölf Vollfarben, vier wesentliche Pastelle, Oliv, Ocker, Braun und Dunkelbraun, sowie die Unbunten Schwarz, Weiß und Grau, also insgesamt auf 23 Farben. Im »Farbenspiegel«,* dem kleinen Test für jedermann, stehen die Farben je einmal zur Verfügung.

* Heinrich Frieling: *Der Farbenspiegel*, Muster-Schmidt-Verlag, Göttingen

In fünffacher Doppelung finden sie sich im großen Test* wieder, der allerdings nur mit einem Einführungsseminar und viel Erfahrung angewandt werden sollte. Der Test basiert auf unser anfangs vorgestellten Methode; er geht jedoch noch weiter und bezieht die Feldbedeutung – mit ein. Die Farben werden beim Test nicht in eine Reihe gelegt, sondern auf eine Tafel, unterteilt in vier Felder. Es ist die ebenfalls ursymbolische, seit pythagoreischer Zeit bekannte Anordnung in vier Quadranten, wie sie auch in der Bilderdeutung der Maltherapie in den verschiedensten Varianten Anwendung findet.

Dieser Test geht also einen riesigen Schritt weiter, er zeigt nicht nur an, zu welchem Zeitpunkt Sie Ihre Energie einsetzen, sondern auch wo und in welchem Bereich welche Qualität zum Tragen kommt.

Was den Frieling-Test, der das Fundament unseres eigenen Farbtests bildet, so interessant macht, ist der Umstand, daß jede im Testablauf »gelegte« Farbe interpretiert wird, und zwar besonders dann (vgl. Pfister), wenn sie nicht der *Norm* entspricht. Die von Frieling als *kleine Welt* dargebotenen Testvorlagen sind also genau wie das wirkliche Leben, alles ist möglich.

Das Normale, Normative ist nach Frieling das *langweilige Unbelebte*, farblich ausgedrückt: das Grau. Die Individualität ist bunt, wie bunt, zeigt der Frieling-Test. Was der Test alles zu leisten vermag, zeigt eine Passage aus dem Buch *Lebendige Farbe***. Frieling schreibt:

Ich erinnere mich an einen sehr merkwürdigen Fall: Mein Mitarbeiter Elmar Th. Schmidt hatte einen Buben getestet, um dem Vater Antwort auf seine Frage geben zu können, weshalb er so miserable schulische Leistungen zeige und woher dieses Unkonzentrierte und Fahrige im Wesen des Knaben käme. Solche Fragen

---

*   H. Frieling, E. Schmidt: *Der Frieling-Test*, a.a.O.
** H. Frieling, E. Browers, S. Knecht: *Lebendige Farbe*, Muster-Schmidt-Verlag, Göttingen, 1974

sind ja nicht ungewöhnlich, und es gibt immer eine Reihe Antworten darauf. Aber als Schmidt den Test am Abend ausarbeitete (so eine Ausarbeitung dauert viele Stunden), bekam er einen heiligen Schrecken: Siebenmal kam die Deutung Suizidneigung vor, also Selbstmordgefahr. Schwere Depressionen konnten festgestellt werden, die keinen Ausweg mehr erkennen ließen. Das drückte sich vor allem in der Art des Legens von Schwarz aus, besonders in den jeweils zuletzt gelegten Versuchen.

Als Schmidt diese Gefahr erkannte, rief er sofort – es war schon spät nachts – den Vater an und teilte ihm mit, daß die Sache gefährlich aussähe. Schmidt wollte wissen, ob er, der Vater, vielleicht etwas von einer Liebesgeschichte wußte und seit wann denn diese Depressionen vorhanden seien.

Durch dieses nächtliche Telefonat war der Vater offenbar ängstlich geworden und tat etwas, was er sonst nie tat: Er besuchte mitten in der Nacht seinen Sohn. Der lag im Bett und schlief sehr fest, zu fest. Ein Röhrchen mit Schlaftabletten stand auf dem Nachttisch. Man weiß, wie nun weiter gehandelt wird. Jedenfalls, der Knabe konnte in letzter Minute gerettet werden.

Zum Glück sind nicht alle Erlebnisse mit dem Frieling-Test so dramatisch. Gleichwohl belegen sie die Ausdruckskraft der Farbe, sei es in der Partnerberatung oder in der sehr differenzierten Frage der Berufsberatung oder besser noch der Eignung. Bei der Handhabung des Frieling-Tests zeigt es sich immer wieder, daß die Testpersonen ihre unterbewußte Ansicht von der momentanen Situationslage, von innen nach außen, auf das Testfeld projizieren. So sprach Frieling von seinem Test zu Recht als einem *Projektionstest*.

Der nachfolgende Kurzcharaktertest basiert farb- und raumsymbolisch auf der gleichen Grundlage wie der Frieling-Test. Die verwendeten Farben, soweit vergleichbar, unterscheiden sich von den Frieling-Testfarben um 3–21° im Buntton sowie ähnliche Werte in Helligkeit und Chroma. Somit können einzelne Aussagen nur bedingt verglichen werden.

6 Kurzcharaktertest

Testen Sie nun einmal selbst die Symbolkraft der Farbe. Erfahren Sie in vier Etappen einiges über sich, allein aufgrund der Tatsache, daß Ihnen eine Farbe besonders gut gefällt oder Sie sie überhaupt nicht mögen.
Gehen Sie folgendermaßen vor:

1. Schritt: Wählen Sie in den Farbtafeln X und XI eine oder zwei Farben aus, die Ihnen besonders gut gefallen, und notieren Sie sich die Nummern.

2. Schritt: Wählen Sie in denselben Farbtafeln eine Farbe, die Ihnen gar nicht gefällt, und notieren Sie sich die Nummer.

3. Schritt: Wählen Sie aus den Farbtafeln XIII bis XVI eine Vierer-Farbkombination, die Sie besonders anspricht, und notieren Sie sich auch hier die Nummer.
(Sofern keine der zwölf Kombination Ihnen zusagt, verzichten Sie auf den 3. Schritt.)

4. Schritt: Unter nachfolgenden Texten können Sie nun die Bedeutung Ihrer Farbwahl nachlesen.

Vorzugsfarbe –
die Farbe, die Ihnen am besten gefällt

I   Zitrongelb

Als offener und großzügiger Mensch sind Sie ein gerngesehener Gast und zudem ein guter Gesprächspartner. Ihr Gegenüber schätzt es besonders, daß Sie sich auf ihn einlassen und ihm zuhören können. Sie sind aufgeschlossen für alles Neue. Etwas dazuzulernen bedeutet für Sie Freude und Bereicherung.

2   Ocker

In Ihrer Arbeitsweise sind Sie den »emsigen Bienen« vergleichbar. Sie haben als einer der wenigen die Leistung und nicht die Bezahlung im Auge und setzen sich auch dann für etwas ein, wenn »nichts dabei herausspringt«. Auf der sozialen Ebene sind Sie ein zuverlässiges Glied der jeweiligen Gemeinschaft (Familie, Verein, Sozialberufe).

3   Ultramarin

Bei Ihnen spielt sich das Wesentliche innen ab. Was nach außen dringt, unterliegt der rationalen Kontrolle. Dabei besteht eine gewisse Gefahr, daß Sie all das, was Ihnen logisch begründbar erscheint, für »bare Münze« nehmen und auf diese Weise manipulierbar sind. Ohne Frage gelingt es Ihnen vorzüglich, Ihr Wissen unter die Leute zu bringen. Deshalb sind Sie im Bereich der Diplomatie oder als Wissenvermittelnder besonders geeignet und erfolgreich.

4 Blattgrün

Ihre Vorliebe für Grün weist Sie nicht als Politphantasten aus. Sie sind viel eher dem real Machbaren zugetan. Wie bei Ihrem »Vorbild« *Mutter Natur* geht es bei Ihnen darum, Dinge wachsen und gedeihen zu lassen. Ein guter Geschäftssinn unterstützt Ihre Vorhaben.

5 Braun

»In Treue fest!« scheint Ihr Motto zu sein. Sie halten gerne am Bewährten fest. Auf der beruflich-finanziellen Ebene verstehen Sie es, die Waage von Leistung und Gewinn richtig auszupendeln.

6 Azurblau

Sie sind interessiert und aufnahmefähig, reagieren aber meistens erst, wenn sämtliche Konsequenzen wohl bedacht sind. Weil Sie davon ausgehen, daß das Glück ein gut Teil Arbeit für Sie leistet, kann es hier und da schon vorkommen, daß Sie sich entspannt zurücklehnen und die Zeit für sich arbeiten lassen. Dabei gehören Sie zu den Menschen, die meistens einen kühlen Kopf bewahren, und sind höchstens aus der Ruhe zu bringen, wenn man Sie »beim Reiten Ihres Steckenpferdes« stört.

7 Gelb

Ihre Beobachtungsgabe weist Sie als einen allseits interessierten Zeitgenossen aus. Sie kleben nicht an Normen – im Gegenteil, Sie sind für neue Wege offen; dabei kommt Ihnen Ihre Fähigkeit, Zusammenhänge leicht zu erfassen, sehr entgegen.

8 Meergrün

Sie sind vielseitig veranlagt, lieben die klare Linie und setzen auf Ihre Möglichkeiten. Abstrakte Zusammenhänge (z. B. in der Kunst) sind für Sie durchaus einsichtig. Sollte es einmal nicht nach Ihrem Willen gehen, tragen Sie es mit dem Ihnen angeborenen Humor.

9 Rosa (für Frauen)

Sie sind eine Frau mit besonderer Note. Alles Laute lehnen Sie ab. Sie sind vielmehr auf die leisen und sanfteren Töne konzentriert. Mitunter fühlen Sie sich einsam und sehnen sich nach Zärtlichkeit und Wärme.

Rosa (für Männer)

Sie gehören ganz und gar nicht zu den »Machotypen« à la Arnold Schwarzenegger. Sie sind im höchsten Grade einfühlsam und sensibel und haben ein hervorragendes Gespür für die besonderen und ungewöhnlichen Dinge des Lebens. Seien Sie durchaus selbstbewußt: Nur wenige haben derart feinfühlige Fähigkeiten wie Sie.

10 Himmelblau

Als Mensch, der noch Träume hat, können Sie mit der gewinnorientierten Welt nicht viel anfangen. Sie befinden sich dabei in Gesellschaft mit Joseph von Eichendorff und der »Blauen Blume«.

Schweigt der Menschen laute Lust:
Rauscht die Erde wie in Träumen
Wunderbar mit allen Bäumen,
Was dem Herzen kaum bewußt,
Alte Zeiten, linde Trauer,
Und es schweifen leise Schauer
Wetterleuchtend durch die Brust.

11 Dunkelblau

Sie orientieren sich gerne an einer Richtschnur. Bestehende Normen und Regeln sind Ihnen wichtig. Gleichzeitig sind Sie – sowohl beruflich wie auch privat – ein verläßlicher und treuer Partner.

12 Purpur

Die Wahl Ihrer Vorzugsfarbe bringt Sie in die Gesellschaft mit den größten Genies und Naturtalenten (z. B. Goethe), aber auch mit Gauklern und Vaganten. Sicherlich kennen Sie wie kein anderer den schmalen Grat, der zwischen Gut und Böse entscheidet. Leben bedeutet für Sie mehr als Alltag, Leben ist für Sie Magie.

13 Dunkelbraun

Sie tragen Ihre Gefühle und Absichten nicht vor sich her. Aufgrund Ihrer meist guten Beobachtungsgabe und Menschenkenntnis gelingt es Ihnen immer sehr schnell herauszufinden, wo Hilfe gebraucht wird. Mit diplomatischem Geschick verstehen Sie es, aus Ihrer Hilfsbereitschaft Befriedigung und nicht selten auch »Gewinn« zu ziehen.

14 Maigrün

Sie träumen nicht gerne von Unerreichbarem. Sie wollen erleben und genießen, und das im Bereich des Möglichen. Ihr Schwerpunkt liegt in den Bereichen Natur und Technik. Sie bestimmen gerne selbst, »wo's langgeht«.

15 Feuerrot

Sie sind ein aktiver Mensch, der mitten im Leben steht. Bisweilen reagieren Sie sehr impulsiv und sind auch leicht aus der Fassung zu bringen.

16 Rot

Sie sind im Moment bester Laune, voller Tatendrang und mit sich selbst im reinen. Ein eigener Freiraum – und sei er auch noch so klein – ist für die Entfaltung Ihrer Persönlichkeit von besonderer Bedeutung. Sie hassen es geradezu, eingeengt zu werden.

17 Bordeaux

In Ihrem Innern sind Sie aktiv, voller Tatkraft und mit einer gehörigen Portion Selbstbewußtsein ausgestattet. Nach außen hingegen zeichnen Sie sich durch vornehme Zurückhaltung aus.

18 Violett

Bei Ihren Freunden gelten Sie als eher »verschlossen«. Das liegt daran, daß Sie nur selten aus sich herausgehen und Probleme auch lieber mit sich selbst ausmachen. Leider gelingt es Ihnen daher nur hier und da, den für andere oft so unsichtbaren Reichtum Ihrer inneren Welten offenzulegen. Halten Sie sich aber nicht zu sehr zurück: Die Welt braucht Ihre meditative Kraft!

19 Lindgrün

Das Vorbild Ihrer Vorzugsfarbe, das *zarte Grün* des Wachsens, hat auch Ihre eigene Natur geprägt. Ihre vielfältigen feinfühligen Möglichkeiten kommen aber nur zum Tragen, wenn der natürliche Weg (Ihr Antrieb) nicht gestört wird.

20 Lila

Als feinsinniger Mensch fühlen Sie sich überall dort unwohl, wo es laut zugeht und man den Blick für Details längst verloren hat. Sie laben sich an den Früchten, die im verborgenen gedeihen, und haben als Ästhet einen besonderen Blick für die schönen Seiten des Lebens.

21 Apricot

Im Gegensatz zu den meisten Ihrer Zeitgenossen haben Sie einen Weg gefunden, Ihr Leben zu meistern, indem Sie »bezaubern und verzaubern«. Daß Ihnen dabei des öfteren ein sicheres Fundament fehlt, sollte Sie als Zauberer nicht wundern.

22 Oliv

Sie werden in Ihrem Umfeld als Realist geschätzt. Ihre Fähigkeit, Gedanken anderer aufzunehmen und zu verarbeiten, macht Sie zu einem besonders teamfähigen Menschen und deshalb zu einem besonders guten Kollegen.

23 Schwarz

Sie schätzen das Absolute, das keinem Vergleich standhält. Mit Ihrer Umwelt, wie Sie sie vorfinden, sind Sie ganz und gar nicht einverstanden. Sie wird Ihren hohen Ansprüchen nämlich auf keinen Fall gerecht. Mitunter reagieren Sie trotzig und stur und erkennen nicht, daß Ihre Sicht der Dinge nicht die objektive ist.

24 Tannengrün

Sicherheit ist Ihnen besonders wichtig. »Auf jeden Fall einen festen Boden unter den Füßen haben« könnte Ihr Lebensmotto lauten. Ihre Leistungsstärke und Energie können sich deshalb nur dann voll entfalten, wenn Sie »den Rücken frei« haben.

25 Weiß

»Ihr Reich ist nicht von dieser Welt.« Von außen sieht es oft so aus, als seien Sie gar nicht richtig anwesend. Wenn Sie Weiß als Vorzugsfarbe gewählt haben, könnten Sie sich aber auch in einer momentanen Stimmungslage befinden, die sich schon morgen ändert, so daß Sie wieder mit beiden Beinen auf der Erde stehen. Oder kann es sein, daß Sie ganz einfach den Test anzweifeln? Die weitere Auswertung Ihrer Farbwahl wird Auskunft darüber geben können.

26   Orange

Was auch immer Sie anpacken: Sie machen es mit Leidenschaft, Hingabe und großem Engagement. Dies weiß jeder zu schätzen, der mit Ihnen zusammen ist (und zwar auf allen Ebenen des gesellschaftlichen Lebens). Ihre praktische Art wird gerne in Anspruch genommen.

27   Grau

Sie lieben die vornehme Zurückhaltung, allerdings nicht, weil es Ihrem Wesen entspricht, sondern weil Sie nicht Farbe bekennen wollen. Im Grunde Ihres Herzens wären Sie viel lieber auf der aktiveren Seite, nur im Moment ist Ihnen eben manches zuviel.

Ablehnungsfarbe –
die Farbe, die Sie gar nicht mögen

I   Zitrongelb

Neuem und Neuerungen stehen Sie mit Skepsis und Vorsicht gegenüber.

2   Ocker

Sie empfinden sich nicht als Glied einer Kette. Sie setzen auf Ihre eigene Vitalität und Überzeugungskraft.

3 Ultramarin

Sie wollen nicht vernünftig sein, ja sie sperren sich förmlich gegen logisch-rationale Argumente. Schließlich sind sie nicht die einzige Wahrheit. Vielmehr sind auch andere Wege zu berücksichtigen.

4 Blattgrün

Sie sind nicht der Meinung, daß materielle Sicherheit und Geborgenheit alles im Leben ist.

5 Braun

Sie lehnen es ab, sich bedingungslos unterzuordnen.

6 Azurblau

Sie haben keine Zeit für Ruhe und Muße, fürs Abschalten und Ausspannen. »Das Leben ist viel zu kurz«, sagen Sie sich.

7 Gelb

Spekulieren ist nicht Ihre Stärke. Sie halten nicht viel von unsicheren Unternehmungen.

8 Meergrün

Sie haben nichts übrig für Hintersinniges und bestreiten, daß alles hinterfragt werden muß. Sie orientieren sich an real sichtbaren Fakten.

9 Rosa

Der Gedanke an Weichheit, Zartheit und Schwärmerei verschafft Ihnen Zahnweh.

10 Himmelblau

Sie halten nicht viel von Träumereien und Romantik. Ihnen kann so leicht keiner »einen Bären aufbinden«.

11 Dunkelblau

Sie sichern sich nur dann ab, wenn es absolut notwendig ist. Sie lassen sich nicht gern Vorschriften machen.

12 Purpur

Sie halten nicht viel von geistigen Höhenflügen, von euphorischen, enthusiastischen Gefühlen. Sie haben dabei Angst davor, sich selbst zu verlieren.

13 Dunkelbraun

Sie hassen es, unter Druck gesetzt zu werden.

14 Maigrün

Sie sind eine Person, die viel Wert auf ihre eigene Individualität legt. Sie sondern sich gerne von der Masse sowie von Konsum in jeglicher Form ab.

15 Feuerrot

Bei Lärm, Hektik und Lautstärke fühlen Sie sich unwohl. Kraftprobleme und Rummelplätze sind nicht Ihre Welt.

16 Rot

Sie fürchten den brutalen Angriff. Ihr Innerstes wurde schon einmal tief verletzt.

17 Bordeaux

Eingefahrene Gleise gehören nicht zu Ihrer Route.

18 Violett

Vergangenes, Tiefgeistiges, Kirche oder Weihrauch schrecken Sie ab. Sie orientieren sich lieber am »Hier und Heute«.

19 Lindgrün

Sie fürchten sich vor Schwäche und Sentimentalität.

20 Lila

Daß auch ein welker Strauß noch seine Reize und Schönheit hat, können Sie nicht verstehen. Sie sind für das Natürliche des Alterungsprozesses nicht offen genug.

21 Apricot

Sie reden nicht gern »um den heißen Brei herum«. Sie möchten auf den Punkt kommen, zur Sache gehen.

22 Oliv

Im Blick auf Ihre physische Beweglichkeit sind Sie besonders empfindlich. In irgendeiner Form darin gebremst zu sein macht Ihnen Kummer.

23 Schwarz

Sie fürchten sich davor, vor vollendete Tatsachen gestellt zu werden. Daß es Dinge gibt, auf die wir keinen Einfluß haben, ängstigt Sie.

24 Tannengrün

Festgefahrene, sichere Werte, Tradition und Verwurzelung in der Heimat sind nicht Ihr Thema.

25 Weiß

Sie fürchten die Leere und das Niemandsland, die totale Einsamkeit.

26 Orange

Sie meiden die offene Arena. Sie fürchten sich vor langen Redegefechten, großen Menschenansammlungen und öffentlichen Plätzen.

27 Grau

Sie ängstigen sich vor dem Stillstand. Die Vorstellung, daß sich nichts mehr vorwärtsbewegen könnte, beunruhigt Sie zutiefst.

Farbkombinationen –
die Kombination, die Ihnen
am besten gefällt

Im nachfolgenden haben wir für Sie 12 Farbcharaktere zusammengestellt. Da Farbkombinationen weniger stimmungsabhängig als einzelne Farben sind, können sie mehr über die Gesamtstruktur einer Person aussagen. Bei einer individuellen »Legung«, in der Sie die Farben selbst wählen und plazieren, würde die Aussage natürlich noch exakter. Nur würde eine solche den Rahmen des Buches sprengen.

a) Die aufgeschlossene Kombination

Sie gehören zu den Menschen, die jede Situation und jedes Ding einer kritischen Betrachtung unterziehen. Ihr Interessenbereich reicht vom Mikro- bis zum Makrokosmos. Dabei haben Sie Ihre Emotionen sehr gut im Griff, und an die Stelle des Auslebens tritt bei Ihnen das Rollenspiel.
Mit Ehrgeiz und Charme verfolgen Sie Ihre unternehmerischen Ziele. In Ihren Entscheidungen sind Sie jedoch nicht immer frei. Manche Idee muß dem angestrebten Fortkommen geopfert werden, wodurch Ihr Elan bisweilen gebremst wird.
Bewährtem gehen Sie mit Logik und Vernunft auf den Grund. Ihre Leitschnur ist aus Erfahrung und einem Sinn für Gerechtigkeit gesponnen. An ihr messen Sie die Dinge. Insgesamt haben Sie sich damit keinen leichten Standpunkt angeeignet.

b) Die Einzelgängerkombination

Sie passen in keine »Schublade« und lehnen das »Althergebrachte« ab, sind aber deshalb nicht gleich auf der Erneuerungsseite zu finden.
Niederlagen oder Enttäuschungen gibt es nicht, sie werden knallhart weggesteckt. So zeigen Sie nach außen auch »die harte Schale«. Doch in Ihrem Innern steckt »ein weicher Kern«.
Selbstbewußt setzen Sie auf Ihre eigene Tatkraft, die jedoch nicht immer den weitgesteckten Vorstellungen eines Einzelkämpfers folgen kann.
Sie kochen lieber Ihr eigenes »Süppchen« und versuchen Ihre eigenen Vorstellungen zu realisieren, zumal Sie von der Gesellschaft (Staat, Familie) enttäuscht wurden. Kleiner Tip: Tun Sie's nicht nur »zum Trotz« usw., sondern vor allem »für sich«!

c) Die intellektuelle Kombination

Sie zählen zu den intellektuellen, geistigen Menschen und sind auf der Suche nach der großen Freiheit. An Ihren Vorstellungen und Zielen halten Sie unbeirrbar fest.
Ihr Weltbild orientiert sich nicht an fremden Idealen. Sie bilden Ihre Meinung vielmehr anhand der eigenen Erfahrung. Mit der Ihnen eigenen Findigkeit und Ihrem Geschick suchen oder finden Sie Ihren Platz im täglichen Leben, und zwar an der Stelle, wo es darauf ankommt, mit Improvisationsgeist Kreativität zu zeigen. Daraus ziehen Sie auch den Schluß, eher etwas Neues aufzubauen und Vorbildfunktion zu übernehmen, statt »in ausgetretenen Pfaden zu wandeln«.

d) Die zielorientierte Kombination

Sie gehören zu den Menschen, die das erreichen, was sie sich vorgenommen haben. Der eigene Freiraum ist Ihnen wichtig. Sie hassen es, eingeengt zu werden. Im Kontakt mit Ihren Mitmenschen bilden Sie sich ein objektives Urteil, indem Sie alles ganz genau beobachten und stets abwägen. Das Streben nach Gerechtigkeit ist Ihnen ein wichtiges Ziel. Allerdings sollten Sie darauf achten, daß Sie hierbei das richtige Maß im Auge behalten und Ihren Einsatz nicht übertreiben. Ferner sind Sie ein sinnenfreudiger Mensch, der in der Tradition verwurzelt und zudem imstande ist, seine auf Selbsterfahrung beruhende Meinung durchzusetzen. Vor diesem Hintergrund sind Ihr gesunder Ehrgeiz und Ihr Erfolgsstreben durchaus positiv zu bewerten.

e) Die dynamische Kombination

Sie sind ein Typ, der zupackt. Am liebsten würden Sie die geltende Weltordnung nach Ihren Vorstellungen »in Ordnung« bringen. Sie haben eine gesunde Einstellung zu den irdischen Freuden. Darüber hinaus haben Sie einen enormen Lerneifer. Ihren Mitmenschen begegnen Sie sehr aufgeschlossen und interessiert. Es gelingt Ihnen dabei, sich stets Ihren eigenen Bereich zu erhalten und sich ggf. auch abzugrenzen. Indem Sie Ihre Umwelt sehr genau beobachten und prüfen, ersparen Sie sich manchen Ärger.
Ihr selbstloser Einsatz schafft Ihnen Freunde und zudem die Anerkennung, die Sie als Resonanz auf Ihr Engagement auch erwarten. Bisweilen neigen Sie aus Begeisterung dazu, über das Ziel hinauszuschießen. In aller Regel gehen Sie jedoch mit Ernst an Ihre Aufgabe, die durchaus auch handwerkliches Geschick erfordern kann.

f) Die verantwortungsbewußte Kombination

Sie sind ein Mensch, der seinen Platz kennt und diesen engagiert und ausdauernd ausfüllt. Sie eignen sich als verantwortungsbewußter Beamter und Angestellter oder als Unternehmer einer Branche, deren Marktchancen gesichert sind. Letzteres ist von besonderer Bedeutung, da Ihre eigene existentielle Sicherung und evtl. auch die Ihrer Angehörigen einen unumstößlichen Lebensgrundsatz für Sie darstellt.

Ihre ruhige und gesetzte Art macht Sie zu einem – sowohl in beruflicher als auch in privater Hinsicht – ernst zu nehmenden Partner. Aufgrund Ihres Durchsetzungswillens sind Sie ein wichtiger Verbündeter, wenn es darum geht, Dinge zu beschließen und durchzusetzen, die für richtig erachtet wurden. Des öfteren sind Sie es, der als erster die Realisationsmöglichkeiten eines Projektes erkennt.

g) Die praktische Kombination

Sie sind ein praktisch denkender Mensch, der bei allem Interesse für das, was in der Welt vorgeht, seine eigenen Ziele nicht aus den Augen verliert. Ihre Ansprüche an die Umwelt machen Sie geltend, wo immer Sie es für notwendig erachten. Ihr Verhältnis zu allen Sinnenfreuden ist ungetrübt.

Sie haben das richtige Maß an Durchsetzungswillen und Beharrlichkeit, um Ihre Ziele zu erreichen.

Als aktiver, lebensbejahender Typ sind Sie immer auf der Suche nach dem Besonderen. Dabei verstehen Sie es durchaus, zu genießen und sich wohl zu fühlen, und zeigen zudem Teilnahmebereitschaft und den Willen, konstruktiv mitzuarbeiten. Allerdings sollten Sie darauf achten, daß Sie vor lauter Lebensfreude nicht zu übermütig werden und über das Ziel hinausschießen.

h) Die traumhafte Kombination

Sie sind ein Teil dieser Welt und fühlen sich auch so. Neuerungen gegenüber sind Sie sehr zugänglich, vor allem dann, wenn sie einen erkennbaren Nutzen bringen. In einem guten Team können Sie sich sehr zum Wohle der allgemeinen Aufgabe voll entfalten. Als Realist träumen Sie hier und da – nach dem Motto »Über den Wolken muß die Freiheit wohl grenzenlos sein« –, bleiben dabei aber stets mit beiden Beinen auf dem Boden.

Hilfsbereitschaft ist für Sie von besonderer Bedeutung. Deshalb stellen Sie Ihre eigenen Ansprüche meistens hintenan. Ihre soziale Komponente ist oder könnte Ihre Lebensaufgabe sein. Ihrem Streben nach einem gemeinsamen Miteinander wird so in idealer Weise Rechnung getragen. Was Sie jedoch zu Ihrer Entfaltung brauchen, sind ein intaktes soziales Umfeld und der entsprechende Wohn- und Lebensraum. Ihr »Nest« sollte demnach angenehm und harmonisch sein.

i) Die selbstbewußte Kombination

Sie sind ein selbstbewußter Mensch, der seinen Platz »mitten im Leben« hat und gerne im Mittelpunkt steht. Für Einsätze, deren Nutzen nicht abzusehen ist, sind Sie nicht zu begeistern. Einer Ihrer wichtigsten Standpunkte lautet: »Selbst ist der Mann die Frau«, und so leisten Sie auch eine ganze Menge. Allerdings wollen Sie hierfür auch die Lorbeeren ernten.

Was Sie brauchen, ist unbedingt ein eigener Bereich, sowohl in bezug auf Ihre berufliche Tätigkeit als auch im Wohnbereich. Werte zu schaffen spielt für Sie eine ganz wesentliche Rolle. Ihre Kraft beziehen Sie dabei in erster Linie aus der Tradition. Sie sind sinnenfreudig und mitteilsam, unter Umständen aber auch herrisch und bestimmend, und zwar vor allem immer dann, wenn es darum geht, Ihre eigenen Vorstellungen durchzusetzen.

k) Die idealistische Kombination

Sie sind ein Typ, der nichts auf die leichte Schulter nimmt. Daß sich nicht all Ihre Vorstellungen verwirklichen lassen, liegt zum Teil an Ihren weitgefächerten, hohen und nicht immer ganz realitätsbezogenen Idealen.

Sie haben ein verstecktes Raffinement, von dem Sie ruhig Gebrauch machen dürfen. Warum sollten Sie auch Ihr »Licht unter den Scheffel stellen«?

Ihr Handeln wird durch drei Parameter geprägt: Vernunft – Erfahrung – Gerechtigkeit. Ganz angenehm wäre Ihnen die Entlassung aus der einen oder der anderen Ihrer Pflichten, da diese Sie an der freien Entfaltung Ihrer Möglichkeiten hindern.

Sie haben ferner eine ganz eigene Art und Weise, Dinge zu betrachten und zu beurteilen. Das Luther-Zitat »Und wenn ich wüßte, daß morgen die Welt untergeht, würde ich heute noch ein Apfelbäumchen pflanzen« könnte von Ihnen stammen.

l) Die soziale Kombination

Sie nehmen am Weltgeschehen teil, neigen aber dazu, über all den globalen Problemen Ihre eigene Welt zu vergessen. Sie sind sozial eingestellt und legen Wert auf partnerschaftliche Auseinandersetzung. Ihr von Ihnen sorgfältig ausgewählter Freundeskreis weiß Ihre sensible Art und Ihr ästhetisches Empfinden zu schätzen.

Sie haben Sinn für Hintergründiges und lieben das, was erst auf den zweiten Blick sichtbar wird. Im Umgang mit Menschen erlebt man Sie eher vorsichtig, weniger draufgängerisch. Fremde Ideen übernehmen Sie nur zögernd. Ihre feinfühlige Art veranlaßt Sie, Fehler oder Mängel immer nur bei sich selbst zu suchen. Der »tägliche Trott« scheint Sie zu ermüden.

m) Die ästhetisch sensible Kombination

Als ästhetisch sensibler Mensch begegnen Sie Ihrer Umwelt mit bestimmten Erwartungen. Nicht immer kann alles so verlaufen und angelegt sein, daß es Ihren ästhetischen Maßstäben entspricht. Sie selbst überzeugen auf den ersten Blick. Von der Vielschichtigkeit Ihrer Persönlichkeit kann sich allerdings nur der überzeugen, der sich Zeit für Sie nimmt.

Sie haben Sinn für Hintergründiges und verborgene Reize. Und obwohl Sie damit nicht immer die Einstellung Ihrer Umwelt teilen, verstehen Sie es, in Ihrer Umgebung akzeptiert zu werden. Bei etwas Einsatz können Sie Ihren Partner für Ihre Ideen begeistern. Es reicht natürlich nicht aus, darauf zu warten, daß andere auf Sie zukommen. Setzen Sie Ihre Fähigkeit, die Menschen zu durchschauen, verstärkt ein, um Kontakte herzustellen.

7 Die Kleidung, die zweite Haut des Menschen

Jeder Mensch ist ein ureigenes Individuum und trägt so ein eigenes Spektrum in sich. Wie sonst kann ein Farbtest die Psyche eines Menschen deuten und den Charakter widerspiegeln?

Der Mensch lebt in und mit seinen Farben. So bringt ein Choleriker – ein Rotmensch, vereinfacht ausgedrückt – von seiner Natur her schon viele Rotanteile mit. Ein Phlegmatiker dagegen lebt in einer grünen Aura, die aber nicht ohne weiteres sichtbar wird. Hüllt er sich in Grün, so wird sein Wesen zurückgedrängt und unsichtbar. Kleidet er sich in die warmen Farben der seinem Charakter entgegengesetzten Seite des Farbkreises, so kommt seine Persönlichkeit voll zur Geltung. Auch hierbei zeigt sich wieder, daß die Polarität und der sich daraus ergebende Ausgleich die Voraussetzung für die Entwicklung der Individualität sind.

Die Kleidung, die zweite Haut des Menschen, ist ein gutes Mittel, diesen Ausgleich zu schaffen. Sie hilft, zur Mitte, zum Gleichgewicht zu finden. Kinder haben noch ein sehr gutes Gespür für Dinge, die sie zum Ausgleich brauchen. Sie bevorzugen Kleidung in Farben, die ihnen gefallen und die ihre Persönlichkeit und ihr Wesen zum Ausdruck bringen. Ganz unbewußt, instinktiv und intuitiv wählen sie die entsprechende Garderobe.

Mit Farben ist es wie mit dem Appetit, der einem Bedürfnis nach bestimmten Nährstoffen entspricht, die der Körper gerade braucht. Wir Erwachsenen haben dieses Gefühl häufig verloren, wir haben es uns abgewöhnt. Aber nicht nur das: Viele von uns haben auch sich selbst verloren und wissen gar nicht mehr, wer sie überhaupt sind. Sogenannte »Sachzwänge«, die im beruflichen wie im privaten Umfeld widerstandslos geduldet und hingenommen wurden, haben

139

dazu geführt, daß ein Großteil der Erwachsenen das eigene Wesen und die eigene Seele kaum mehr kennen. Ein herausragendes Beispiel dieser *Verkennung der eigenen Persönlichkeit* sind die Männer in ihren »Busineß-Uniformen« in Dunkelblau, Braun und Grau. Das Rollenverhalten hat das eigene Gespür und das eigentliche Wesen untergraben. Man/n hat sich angepaßt oder auch anpassen lassen.

Es gibt nun eine heute sehr beliebte Methode, die Farbigkeit, d. h. die Farbrichtung, die das eigene Wesen unterstreicht, zu ermitteln. Es ist die sogenannte »persönliche Farbberatung«. Bei ihr wird der eigene Farbtyp ausfindig gemacht, indem unter Anleitung eines fachkundigen Beraters oder einer Beraterin und unter Zuhilfenahme farbiger Tücher das Zusammenwirken von Farbe, Material und Form auf der Haut bzw. am Menschen getestet wird.

Diese Vorgehensweise der Ermittlung, die sogenannte Typanalyse, basiert auf dem Phänomen des Umfeldkontrastes. Zur Erklärung dieses Phänomens bedienen wir uns eines einfachen Beispiels. Wenn Sie sich eine braun gebackene Brezel in einem braunen Korb vorstellen, so empfinden Sie dies sicherlich nicht gerade als appetitanregend. Die knusprig braune Bretzel nämlich kann kaum wahrgenommen werden, sie geht vielmehr unter. Auf diese Weise wird der Betrachter nicht aufgefordert hineinzubeißen; schließlich ißt das Augen ja mit! Liegt im Korb allerdings eine Serviette in der polaren Vollfarbe Blau, so unterstreicht diese die goldbraune Wärme der Brezel, und wir bekommen Appetit. Denn die entsprechende, notwendige Spannung und der gleichzeitige Ausgleich werden durch die Gegenfarbe erzeugt.

Ganz ähnlich verhält es sich bei der Haut, allerdings gilt es hier natürlich, wesentlich differenzierter vorzugehen. Die Haut als Hülle des Menschen vermag Probleme und ganze Schicksale zu verbergen. So kann es recht kompliziert sein, das vielschichtige Wesen eines Menschen anhand seines »Farbtyps« auszumachen. Eben diese Komplexität des menschlichen Wesens herauszustellen, sichtbar und transparent zu machen, wäre genaugenommen eine der Aufgaben der persönlichen Farbberatung. Allerdings geht es in der Praxis meist einfacher zu.

Die gängige persönliche Farbberatung prüft mit Hilfe von Umfeldfarben, welche Farben die Haut gesund oder krank, welk oder frisch erscheinen lassen. Dabei wurden die entsprechenden Erkenntnisse von Johannes Itten, einem der Bauhausmeister, auf den sich die Farbberatung immer wieder beruft, auf die Stimmungsbilder der vier Jahreszeiten reduziert. Itten hatte herausgestellt, daß jeder eine eigene Farbigkeit besitzt und in sich trägt und diese sich beim Malen in den Bildern niederschlägt. Unter anderem fiel ihm dabei auf, daß sich die Farbrichtungen des Menschen in der Farbigkeit der vier Jahreszeiten wiederholen. Diese Erkenntnis dient nun als einfaches System der Grundorientierung für den Berater; es entspricht den vier Grundtypen der Charaktere in der Psychologie, d. h. den vier Temperamenten (Choleriker, Phlegmatiker, Melancholiker, Sanguiniker). Das reicht natürlich nicht aus, um einen Menschen in seiner Individualität gründlich zu erfassen und farblich zu beraten. Er kann mit dieser Methode allenfalls von einer Schublade in die nächste umsortiert werden.

Es darf keinesfalls außer acht gelassen werden, daß über Farben nicht nur optische, sondern auch symbolische und psychologische Inhalte transportiert werden. Es gilt, die Farbe in ihrer gesamten Tragweite zu erfassen. Dies bedeutet, daß ein Farbberater immer auch die persönliche Situation des Ratsuchenden berücksichtigen muß. Schwarz ist beispielsweise für den ein wichtiges Thema, der in bestimmten Lebenssituationen die Härte, die Abgrenzung und das Abheben von der Masse benötigt. Hier bedarf es der Feinfühligkeit des Beraters. Er darf nicht darauf beharren, Schwarz stehe diesem Typus nicht. Vielmehr muß er Mittel und Wege aufzeigen, wie der Schwarzliebhaber trotzdem sein geliebtes Schwarz tragen kann, ohne gleich wie »eine zerbrechliche Porzellanpuppe« zu wirken oder als »Rockerbraut« abgestempelt zu werden (beides liegt im Schwarz).

Umgekehrt verhält es sich in einem Fall, den Carol Jackson in ihrem

Buch *Color Me Beautiful** schildert. Zu ihr kam einmal eine besorgte Mutter, die sich darüber wunderte, daß ihr Kind nur Schwarz tragen wollte. Carol Jackson reagierte darauf eher gelassen: »Ach, das ist doch gar nicht bedenklich«, meinte sie. »Ihr Kind ist doch ein ›Winter‹, und dazu gehört Schwarz!« Hier sind wir allerdings völlig anderer Ansicht: Schwarz ist keine Kinderfarbe, sondern immer das Signal für eine Abgrenzung. Und das Kind hätte hier dringend einen anderen Rat gebraucht.

Das beste Mittel, mehr über die Psyche eines Kindes zu erfahren, sind die selbstgemalten Bilder. Anhand der vom Kind gewählten Formen und insbesondere der Farben läßt sich ziemlich genau ermitteln, wie es sich gerade fühlt, was es bewegt oder was es bedrückt.

Dessenungeachtet bleibt das Instrument der persönlichen Farbberatung tauglich, wenn es von einem erfahrenen Berater auf sensible und differenzierte Weise angewendet wird. Was unterscheidet nun eine gute von einer stereotypen Beratung? Ein guter Berater kennt die Feinheiten der Farbsystematik. Das Spektrum seiner Tücher umfaßt mehr als die Farben, die zur Typbestimmung notwendig sind. Eine ausführliche Analyse basiert auf einem fundiert aufgebauten System von farbigen Tüchern, die den kompletten Farbraum abdecken. Für die einzelnen Farbbereiche (z. B. Grün) benötigt die Analyse die verschiedensten Nuancen, d. h. Tönungen von hell bis dunkel, von pastell über verhüllt bis vollfarbig, um auch die verschiedensten Helligkeits- und Sättigungsstufen ermitteln zu können.

Ein guter Berater arbeitet mit ummarkierten, also mit nicht typbezogenen Tüchern, um von vornherein Vorurteile und Fehleinschätzungen auszuschließen, etwa, wenn vorschnell geurteilt wird: »Aha, das ist also ein Frühling!« Er würde sich ja sonst die Chance nehmen, feine Farbrichtungen und Unterschiede zu erkennen. Und genau das ist das Faszinierende, das eigentliche Erlebnis.

* Carole Jackson: *Color Me Beautiful*, Hallwag Verlag, Bern und Stuttgart 1994

Verlaufen Beratungen wirklich gut – und eben nicht stereotyp –, so können daraus wirkliche Entdeckungsreisen zum Selbst werden: Es kristallisieren sich Persönlichkeiten heraus, die man nie hinter der Fassade einer Person vermutet hätte, es kommt zu den spannendsten Farbenspielen und Farbvariationen. Da gibt es auch Typen, bei denen der Farbbereich im Vordergrund steht und weniger die »Jahreszeit«, denen z. B. nur der Farbbereich und Blau bis Grün steht, weil sie selbst ihren Westen nach so mit Rotanteilen belegt sind, daß auf der zweiten Haut kein Raum mehr für ein Rot bliebe (oder nur für ein Bestimmtes mit einer ganz engen Bandbreite). Dann gibt es wiederum Personen, die dem Rot standhalten können in einer Stärke und Strahlkraft, die an sich sehr selten vorkommt. Und es gibt ferner ganz hellhäutige Menschen, die nur die hellen, zarten, leicht vernebelten Farben ertragen und die aufgrund dieser Tatsache in einer schematisierten Beratung als »Sommer« eingestuft werden. Wohl dem, der dann auch die kühlen Töne des Sommers tatsächlich braucht. Doch was wird mit jenen, die die warmen Töne benötigen und denen trotzdem die Kategorie »Sommer« mit ihren vernebelten Tönen übergestülpt wird?

Solche Fragen zeigen die Problematik der Schematisierung und Vereinfachung auf vier Grundtypen. Hier werden die Grenzen dieser Vorgehensweise sichtbar, die es oft nach sich zieht, daß dem Fehlberatenen empfohlen wird, sich durch Schminke oder eine Veränderung der Haarfarbe dem falschen Typ anzupassen, wie dies besonders häufig bei den Vollfarbtypen »Frühling« und »Winter« geschieht. Eine gute Farbberatung zeichnet sich dadurch aus, daß sie ganz ohne Schminke auskommen kann. Allein die Farben der Kleidung reichen aus, um die Natürlichkeit und die Eigenheit der Haut zu unterstreichen. Schminke kann allenfalls eine Krönung des Ganzen sein.

Es gibt tatsächlich klassische Typen, die in genau eine der vier Kategorien passen, denen man »auf den Kopf zu« sagen kann: »Aha, du bist ein Winter.« Aber auch diese wären mit einer sensibleren, individuellen Analyse besser beraten, um nicht ausschließlich auf die typische, extreme Winterfarbigkeit – harte Kontraste, Schwarz, Weiß und die kühlen Vollfarbtöne – festgelegt zu sein.

Diese Individualität erfordert natürlich variable Farbfächer, die nicht unabänderlich auf einen der vier Typen festgelegt sind. So sollte der sogenannte »Farbenpaß« aus mindesten vierzig einzelnen Farbnuancen zusammengestellt sein, damit man die Farbrichtung, das Stimmungsbild, das sich hier widerspiegelt, erkennen kann. Eine gute Farbberatung setzt außerdem voraus, daß die empfohlenen Farben auch dem jeweiligen Trend der Zeit angepaßt werden und daß der Berater seine Farben ständig aktualisiert. Wir haben heute völlig andere Braunnuancen und ein völlig anderes Orange als noch vor zehn Jahren.

Auch wenn der Fächer mit viel Sorgfalt zusammengestellt wurde, darf er immer nur ein Hilfsmittel sein, auf das sich der Ratsuchende in der Anfangszeit stützen kann. Er soll ihm dazu dienen, zu erfahren: »Mir stehen vor allem z. B. die weichen, hellen, warmen Töne« oder: »Mir stehen Farbtonkontraste sehr gut; die Helligkeitskontraste aber zerschneiden meinen Gesichtsausdruck.« Auf diese Weise kann er Erfahrungen mit der eigenen Farbigkeit sammeln und lernt nach und nach, mit Farben und Farbstimmungen umzugehen, ohne den Fächer benutzen zu müssen. Er soll am Ende ganz ohne ihn auskommen können.

So ist der Farbenpaß im Kopf viel wichtiger als das Hilfsinstrument Fächer. Es gilt in erster Linie ja, sich seiner eigenen Farbigkeit bewußt zu werden und sich nicht zu sehr von den vorgegebenen Farben einengen zu lassen. Die stetige Konzentration auf den realen Farbenpaß würde aber genau dieses fördern. So gelingt es am ehesten, frei zu werden für die eigene Farbigkeit, wenn man sich nach und nach vom realen Farbenpaß emanzipiert.

8 Der Raum, die dritte Haut des Menschen

Die Vorläufer unserer heutigen Gebäude und Räume – Höhle, Unterstand, Zelt, Blockhaus – waren durchweg »Schutzräume«. Sie schützten aber weniger vor wilden Tieren als vielmehr vor den Unannehmlichkeiten, die die Witterung bisweilen mit sich bringt.

Früher spielte sich das eigentliche Leben vor allem im Freien ab. Dies wird deutlich, wenn wir Stiche und Holzschnitte aus dem Mittelalter genauer betrachten, die das Zunftwesen und das Handwerk darstellen. Wir können dabei feststellen, daß sich Wagner, Hufschmied, Zimmermann und Schuhmacher hauptsächlich im Freien aufhielten, wo sie bei ihrer Arbeit bestenfalls durch ein Dach geschützt waren.

Die Paläste und Tempel, die wir aus Geschichten und Sagen kennen, waren oft eher Innenhöfe als wirkliche Innenräume. Die ungarische Sprache hat bis heute keine Unterscheidung zwischen »Platz« und »Raum«, was verdeutlicht, daß dort der Raumbegriff wohl noch nicht auf Wohnraum, Schlafraum, Abstellraum etc. reduziert ist. Erst mit der einsetzenden Industrialisierung im vorigen Jahrhundert und den Möglichkeiten der künstlichen Beleuchtung wurde es rentabel, auch die Arbeitsplätze in geschlossene Räume zu verlegen und diese Räume dann intensiv durch Schichtarbeit zu nutzen.

Eine richtige Wohnkultur, wie wir sie heute kennen, hat sich für den Großteil der Bevölkerung erst ab der Jahrhundertwende allmählich entwickelt. Aber auch zu dieser Zeit und in den darauffolgenden fünfzig Jahren bedeutete »Wohnen« noch etwas völlig anderes als heute. Von unseren modernen Vorstellungen war man noch weit entfernt, und das auch deshalb, weil die Rahmenbedingungen sich erst in den letzten Jahrzehnten grundlegend geändert haben. Saß etwa die deutsche Durchschnittsfamilie 1950 mit sechs bis acht Personen im Zwanzig-Quadratmeter-Wohnzimmer um das Radio herum, so konsumiert die dreiköpfige Familie heute das Fernsehprogramm nicht mehr gemeinsam in einem Zimmer, sondern betätigt die Fernbedienung allabendlich in drei verschiedenen Räumen.

Unser gern genanntes Vorbild für das Wohnen, die *gemütliche Bauernstube*, die unsere Herzen heute aus Nostalgiegründen höher schlagen läßt, war ursprünglich nichts anderes als ein – um es mit dem modernen Begriff zu benennen – Multifunktionsraum: In ihm wurden Verstorbene aufgebahrt, in ihm wurden Familienfeste gefeiert. Oder er wurde an Schlacht- oder Backtagen ganz praktisch als zusätzliches Arbeitszimmer genutzt.

Zusammenfassend kann man sagen, daß der Mensch im Laufe der letzten 150 Jahre seinen primären Aufenthaltsort von außen nach innen verlegt hat. Haben sich die Menschen früherer Zeiten zur Ruhe und Entspannung in den Raum zurückgezogen, so verläßt der Mensch des 20. Jahrhunderts den Raum in der Regel nur, um sich mittels eines *beweglichen Raumes* (Fahrgastraum, Auto, Bus, Bahn) in den nächsten Raum zu begeben. Der Lebens*raum* des Menschen, der früher zwischen Erde und Himmel, zwischen Wald und Heide, zwischen Gebirgen und Gewässern lag, erstreckt sich heute auf *Boden, Wand* und *Decke*.

Hier sehen wir eine Chance, über die Analogie des Farbenspektrums das breite Spektrum der Natur in unsere gebauten Räume zu holen. Doch Farbe – gerade in gebauten Räumen – bedarf des Lichtes, und zwar des geplanten Einsatzes von Licht. Da reichen Öllampen oder Kerzen nicht mehr aus. Wir müssen ja ersetzen, was wir uns unbedacht genommen haben, und dazu gehört natürlich auch das *Licht*. Damit ist nicht primär Helligkeit von soundsoviel Lux Beleuchtungsstärke gemeint, sondern Licht im vollen *Spektral*umfang. – Woher bekommt der Mensch dieses Licht?

Ursprünglich bekam er es von der *Sonne* in direkter Strahlung und vom *blauen Firmament* in indirekter Strahlung. Dieses Vollspektrallicht ist in verschiedenen Nanometerbereichen mit »Schaltinformationen« ausgestattet, die unseren Hormonhaushalt regeln, unseren Kreislauf und Blutdruck beeinflussen und in der Folge viele Körperfunktionen steuern. Sie wirken insbesondere auf die Konzentrationsfähigkeit ein. Da sich aber der Mensch unserer Zeit meistens nur noch »zwecks Bräunung« dem Tageslicht aussetzt, wird die Anforderung an Kunstlicht und Farbe deutlich verschärft.

Das Interesse, mit Farbe zu wohnen, besser noch: mit *Licht* und *Farbe* zu wohnen, zieht also nicht die Fragen nach sich: Welche Gardine paßt zu welchem Boden, und wie beleuchte ich das Ganze? Sondern: Wie schaffe ich ein energetisch vitales Umfeld, das die Menschen, die hier wohnen, zufrieden stimmt? Licht und Farbe müssen dabei immer im Zusammenhang mit der Materialbeschaffenheit und der Oberflächenstruktur betrachtet werden.

Das Thema »Wohnen« ist derart vielschichtig, daß in diesem Buch nur die wesentlichsten, im direkten Farbbezug stehenden Kriterien Beachtung finden können. Wir verweisen den interessierten Leser gerne auf das lesenswerte Buch von Franz Wansch.* Ein spezielles Buch zum »Gesund wohnen mit Licht, Farbe und Material« sowie Volkshochschulkurse zum gleichen Thema sind bei uns bereits in Arbeit. Lassen Sie uns hier nur einen kleinen Exkurs durch den Raum machen. Er beginnt mit dem Boden.

Der Boden

Vieles verbindet sich mit diesem Begriff: »Mutterboden«, »Heimatboden«, »eigener Grund und Boden«, »bodenständig«, und wenn uns etwas ganz negativ überrascht, empfinden wir es als »bodenlos«. Der Boden muß also etwas Festes sein, nicht zu hart und

---

* Franz Wansch: *Wohnen, der erfüllte Traum von den eigenen vier Wänden*, Verlag Christian Brandstätter, Wien 1995

nicht zu weich. Der gestaltbare Boden ist in der Regel ein Belag aus Textil-, PVC-, Gummi- oder Korkmaterial, wobei Kork als »natürlicher« Belag keiner weiteren Überlegungen bedarf, es sei denn, man wolle einen solchen Belag farbig beizen, was ja möglich ist.

Auch im Kokos-Sisal-Bereich werden heute verstärkt Bodenbeläge in Farben angeboten. Als Paradebeispiel kann das Produkt eines Schweizer Herstellers dienen, der über die Farbe hinaus vor allem mit der Technik des Webens spielt und somit einen weiteren wichtigen Bereich neben dem Färben neu belebt hat. Das größte Spielfeld bleibt ohne Frage der *textile* Bodenbelag. Die fast grenzenlose Farbenvielfalt im Zusammenhang mit der entsprechenden Oberflächenbeschaffenheit (z. B. Feinflor, Schlinge, Kräuselvelours etc.), macht es zwar sehr interessant, aber auch schwierig, das »Richtige« zu finden.

So bringt zwar ein hellblauer, dichter, hochfloriger Velours das Bad und die Ankleide wunderbar zur Geltung, ist aber für Durchgangsräume wie Flure etc. bei durchaus gleichen Grundrissen ungeeignet, da an diesen Stellen ein fester Grund erwartet wird. Der gesamte »Naturwolle«-Bereich ist in vielen Fällen eher nur das kleinere Übel und alles andere als *die* Lösung. Wenn diese Beläge als »Berber-Qualität« angeboten werden, so liegt darin oft eine Namenstäuschung, denn Naturvölker wählen für ihren Gebrauch meist buntfarbige Teppiche anstelle von »naturfarbigen«. Es ist und war zu allen Zeiten eine besondere Herausforderung für den Menschen zu färben, eben weil die Gestaltung über das natürlich Gegebene hinaus will. Man denke nur an die hohe Kunst des Purpurfärbens.

Wenn buntfarbige Teppichbeläge gewählt werden, sollten einige Grundregeln beachtet werden:

1. Helligkeit

Aus der natürlichen Erwartung des Menschen heraus hat ein »be-gehbarer« Belag die Helligkeit zwischen Wiese und Lehmboden. Darüber hinaus werden Eigenhelligkeiten von Farben als gegeben toleriert. So bietet ein sandfarbener Belag eine gefühlsmäßig bessere Tritthaftung als ein gleich heller Violettbelag, der ja dann lilafarbig ist.

2. Intensität (Sättigung)

Auch die Erträglichkeit stark gesättigter Farben ist unterschiedlich. Während die dunkleren Töne Purpurrot bis Petrolblau mit maximaler Sättigung noch begehbar sind (wenngleich darauf mehr »ge-schritten« als »gegangen« wird), sind Maigrün – und Rotorange-Töne empfindungsmäßig unbegehbar. Gelb hingegen hat eine Sonderstellung: Es ist beschwingt und deshalb *leichten Schrittes* begehbar. (Ideal als Gymnastikraum oder Tanzboden.)

3. Farbe

Der Farbton als solcher spielt vor allem deshalb eine Rolle, weil vom Boden her eine hohe Lichtreflexion in den Raum ausgeht und selbstverständlich auch Bewohner und Benutzer dadurch »beleuchtet« werden. So verhält es sich hier ebenso, daß der Zitron- und Orangebereich nur entsättigt für Bodenbeläge geeignet ist, während der restliche Farbkreis je nach Bestimmung eingesetzt werden kann.

Wenden wir uns, nachdem wir »festen Boden unter den Füßen haben«, den nächsten Raumbestandteil zu, der Wand.

Die Wand

Redewendungen wie »die eigenen vier Wände«, »an der Wand ent-langgehen« oder, wenn es schlimm kommt, »die Wände hochge-hen« oder »mit dem Kopf durch die Wand gehen« kennen Sie alle. Es ist allerdings auffällig, daß es keine Redewendung mit dem Wort »Wand« gibt, aus der sich ein genereller Anspruch – wie beispiels-weise beim Boden – ableiten ließe. Und so scheint es, als könne man mit Wänden willkürlich alles machen (was ja auch oft zu sehen ist). In der Regel finden wir in unseren Wohnungen verputzte oder mit Platten verkleidete, glatte Wände vor, auf denen sich fast jedes ge-wünschte Material anbringen läßt. Es ist deshalb oft sinnvoll, sich mit Tapeten, Stoffen und Farben dieser »Malwand« anzunehmen, anstatt auf angeblich alten Putzstrukturen zu verharren. Gerade in jüngster Zeit haben alte Techniken wie die Wisch-, Pinsel- oder Wickeltechnik die Muster- und Rauhfasertapeten zurückgedrängt. Prinzipiell gibt es an Wänden keine farblichen Einschränkungen. Allerdings sollten sie in der Regel gefühlsmäßig »leichter« und hel-ler wirken als der Boden. Auch die Intensität sollte nicht zu groß sein. Denken wir wieder an das Beispiel der Natur, dann erkennen wir: Bläuliche Töne lassen einen Raum weiter, größer erscheinen, so wie die »blauen Berge«, während warme Töne von Rot bis zum Blaugrün einen Raum eher eng erscheinen lassen.

Die Decke

Die Decke wird von unserem Blick im allgemeinen zuletzt erfaßt. Beim Wohnungsbau in jüngster Zeit hat man nicht selten das Ge-fühl, daß sie im übertragenen Sinne wirklich »das Letzte« ist: Decke oder Deckel, also Abschluß eines Raumes. Dabei ist sie eigentlich der wichtigste Teil, wenn wir von unseren Urbedürfnissen ausge-hen: der bedeckende Teil, der uns gegen die Unannehmlichkeiten der Natur von oben schützt. Entgegen früheren Gewohnheiten, die

Decke häufig mit übertriebener Ausstattung zu versehen, scheint heute die Angst, daß einem »die Decke auf den Kopf fällt«, derart verbreitet zu sein, daß sie überwiegend einfach nur weiß gestrichen wird. Und damit ist – zumindest psychologisch – auch die Gefahr des »Auf-den-Kopf-Fallens« gebannt, denn Weiß steht farbpsychologisch für »Leere« und das »Nichts«. Ansonsten wird den natürlichen Bedürfnissen hiermit nicht Rechnung getragen. Es ist also an der Zeit, sich der Decke auch gestalterisch anzunehmen.

Wer in der Hochgotik über die notwendigen Mittel verfügte, ließ die Decken Ultramarin malen und verzierte sie mit goldenem Gestirn.

Derartige Deckengestaltungen aus vergangenen Jahrhunderten können auch heute noch als Vorbild und Vorlage genutzt werden. Verschiedene Varianten sind dabei denk- und realisierbar. Für den jeweiligen Nutzer eines Raumes gibt es immer eine individuell richtige Lösung. Universallösungen sind aufgrund verschiedener Rahmenbedingungen und unterschiedlicher persönlicher Vorlieben nicht angebracht. Wesentliche, allgemeine Kriterien für die Wand- und Deckenfarbe können dennoch aufgezeigt werden:

Aufgrund der Spektralverteilung der unterschiedlichen Lichtfarben von Tageslicht und Kunstlicht haben getönte Wand- und Deckenflächen eine lebendigere Anmutung als rein weiße Flächen. Dies ist über die generell freundlichere Stimmung einer Farbe im Gegensatz zu Weiß ein wesentlicher Punkt, auf farbige Räume hinzuwirken. Um jedoch nicht wahllos in die Palette zu greifen, empfiehlt sich als Orientierung die Wohnfarbachse.

Die Wohnfarbachse

Wohnen heißt leben. Folglich muß sich Wohnfarbigkeit im Wechselspiel von *warum* und *kalt*, von *einatmen* und *ausatmen*, bewegen. Dies spielt sich auf den Farbachsen Sonnengelb/Ultramarin, Orange/Azurblau sowie Feuerrot/Meergrün ab. Je nach persönlicher

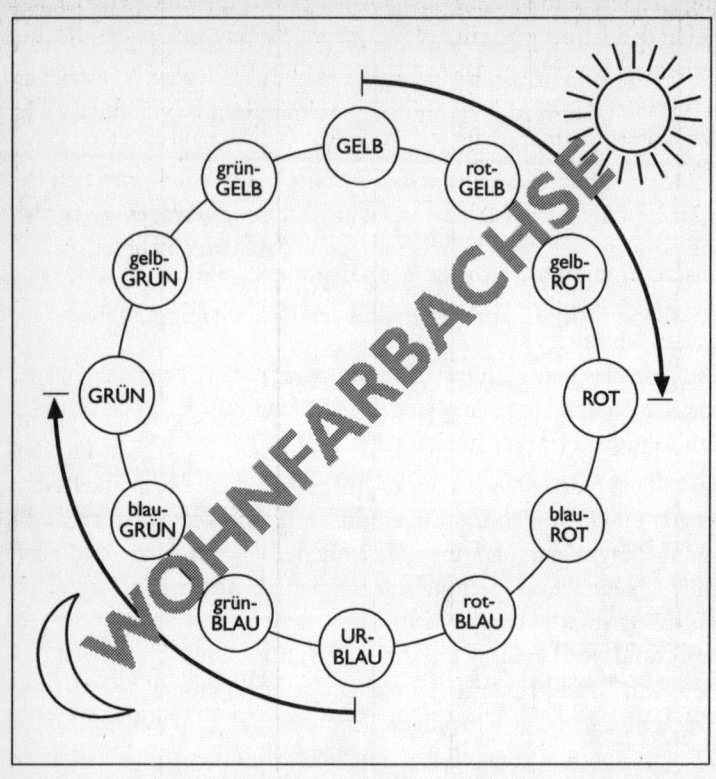

Abb. 12   Der Bereich der Wohnfarbigkeit

Zuneigung kann die als neutral geltende Wohnfarbachse (Abb. 12) zur lauten Feuerrot-Meergrün-Polarität oder zur sanften Gelb-Ultramarin-Polarität verschoben werden, immer die richtige Intensität vorausgesetzt.

Ein weiteres Kriterium bei der Wohnungsgestaltung ist die Farbintensität. Wir machen immer wieder die Erfahrung, daß sowohl der engagierte Heimwerker wie auch der versierte Handwerker allzu tief in den Farbtopf greifen. Hier würde ein Blick in die Natur weiterhelfen! Das Nahe, das Greifbare und das, was Aufmerksamkeit erregen will, zeigt sich in kräftigen Farben. Das Ferne und Weite, das Untergeordnete zeigt sich in zarten Farben. Am Horizont verschwinden die Farben förmlich: Aus dem satt grünen Wald wird ein ins Bläuliche schimmernder, transparenter Farbeindruck. Dieses Weite und Transparente gilt es in die Wohnungen zu holen. Denn unsere Empfindung arbeitet ständig und nimmt diese Weite wahr, die ja gleichzeitig ein Gefühl der Freiheit vermittelt. Und *frei sein* wollen wir doch alle!

Daß wir dies geradezu instinktiv in uns erfühlen, zeigt die derzeit so übergroße Ablehnung von Braun und Beige. Was nämlich drücken diese Farben aus? Angelehntsein, Angepaßtsein, Unfreiheit! Deshalb ist es ganz wichtig, unsere »Wohnfarbachse« im Pastellbereich umzusetzen und die Intensität der Farben nicht etwa durch Schwarz oder Grau zu reduzieren.

Eine Steigerung zur Pastellfarbe stellt die Lasur dar. Hierbei wird der Grundfarbton durch Wasser oder Bindemittel verdünnt, durchsichtig gemacht und dann in mehreren Schichten zum Teil mehrfarbig übereinander gelegt. Somit haben wir genug Möglichkeiten, um Farbe und Farbstimmung an Boden, Wänden und Decken einzuplanen und zu realisieren.

Das Wichtigste für die visuelle und energetische Umsetzung der Farbe wollen wir nun ansprechen: das Licht.

Licht und Beleuchtung

Wir haben eingangs auf die Wichtigkeit des Lichtes hingewiesen und möchten nun ein paar Tips und Regeln zu diesem wichtigen Aspekt geben.

Der Mensch hat sich im Laufe seiner Entwicklung am Licht gebildet. »Wär' nicht das Auge sonnenhaft, wie könnte es das Licht erblicken« (Goethe). Wir sind für ein sich ständig änderndes Licht geschaffen, das in Quantität und Qualität sowohl im Tageslauf als auch im Jahreslauf vielfach variiert.

Die Farbe des Lichtes geht tagtäglich vom frühen Rot zu Violett, über von Blau, Grün, Gelb zum roten Sonnenuntergang, um am Morgen schließlich wieder beim Rot zu beginnen. Der Winkel der Sonneneinstrahlung wechselt vom flachen Winkel zur Zeit der Wintersonnenwende mit ihren langen Schatten zum steilen Stand in der Mittagssonne des Sommertages.

Wenn Sie nun diese Fülle an Lichtvariationen betrachten und an Ihr Wohnungsfeld denken, wie zufrieden können Sie dann sein?

Unsere bequeme Technikgesellschaft bietet Ihnen das umfangreichste Leuchten, Lampen- und Lichtschalterangebot mit Sensordimmer und – wenn es sein muß – auch mit Fernbedienung, um vom Sessel aus jedes gewünschte Licht aus- und anschalten zu können. Vier Schaltplätze für eine einzige Leuchte sind heute keine Seltenheit mehr. Vier verschiedene Leuchtstellen für einen Raum allerdings kämen einer Sensation gleich und wären beim Komfortdenken (4 × 4 = 16 Schalter) auch nicht realisierbar. Sie wären aber eigentlich notwendig, weil sie fühlbar sind (siehe Natur). Also heißt es wieder einmal umdenken. Besser gesagt: Es geht darum, überhaupt zu denken, statt blind dem technischen Fortschritt zu folgen und die menschlich-natürliche Komponente zu vernachlässigen.

Zunächst einmal wollen wir dem Leser einige Begriffe aus dem fachlichen Sprachgebrauch erläutern und in die Umgangssprache »übersetzen«:

Lampe: das Leuchtmittel, also die Glühbirne oder Neonröhre. Die Bezeichnung steht für »Glühlampe« und »Leuchtstoffröhre«.

Leuchte: alles, was die Glühlampe oder ein anderes Leuchtmittel hält und umkleidet und was der Laie »Lampe« nennt.

Glühlampe: die gebräuchlichste und einfachste Art, elektrische Energie in Licht umzusetzen mit hoher Wärmegewinnung bei geringer Lichtausbeute. Lichtfarbe rötlich, ausgehend vom Feuer.

Halogenlampe: Volkstümlich werden die kleinen Halogenglühlampen mit 12 Volt und die Normalstrom-Halogenglühlampen mit 220 Volt, wie wir sie z. B. in Wand- und Deckenflutern vorfinden, als Halogenlampen bezeichnet. Sie sind jedoch im Verbrauch und in ihrer rötlichen Lichtfarbe der Glühlampe sehr viel ähnlicher als dem Tageslicht.

HQI-Strahler (Halogenmetalldampflampen): Sie haben ein dem Tageslicht sehr ähnliches Spektrum und zeichnen sich zudem durch ein günstiges Kosten-Nutzen-Verhältnis aus. Ihr Nachteil: der hohe Installationsaufwand, da sie nur mit Vorschaltgeräten zu betreiben sind. Wegen der guten Farbeigenschaft für die Fernsehkameras werden sie meistens als Stadionbeleuchtung benutzt. Lichtfarbe: Vollspektrum Blau bis Rot (siehe Farbtafel I).

Neonlampen: Man spricht korrekt von »Leuchtstofflampen«. Hier handelt es sich um die Lichtart mit dem zur Zeit effektivsten Kosten-Nutzen-Verhältnis. Diese Lampen gibt es in vielen speziellen Lichtfarben, auch in tageslichtähnlichen Ausführungen mit breitem Spektralband. Leuchtstofflampen sind heute in so guter Farbwiedergabequalität herstellbar, daß sie als Farbprüflampen zulässig sind.

Stromsparlampen: Hier handelt es sich um die verkleinerten Versionen der Leuchtstofflampen. Aufgrund der energetischen Spektralverteilung sind sie nicht mit der Glühlampe gleichzusetzen, obwohl sie als »bester Ersatz« dafür angeboten werden. Der energetisch wichtige Rotanteil des Spektrums ist nur in einem reduzierten Bereich überproportional vorhanden. Das kontinuierliche Wärmespektrum wird imitiert, ist also real nicht vorhanden.

Wenn wir uns nun im Hinblick auf die Raumbeleuchtung tatsächlich einem Umdenkungsprozeß unterziehen, so könnte dies zum Beispiel folgendes bedeuten:

1. Daß wir mit an der Wand angebrachten und in Tageslichtfarben bestückten Deckenflutern einen grauen, neblig-trüben Tag erhellen.

2. Daß wir uns um den Eßtisch zur Nahrungs- und Energieaufnahme unter einer Glühlampe mit ihrem extrem langweiligen Spek-
tralanteil einfinden, wie sich schon unsere Ahnen um das Feuer
versammelten.
3. Daß wir in unserer gemütlichen Leseecke mit punktgenauen
Halogen-Niedervoltlampen die Abendstimmung erhalten, aber
gleichzeitig die Seiten des Buches oder der Zeitschrift genügend
erhellen.
4. Daß wir ein Bild, eine Plastik oder ein sonstiges Lieblingsobjekt
mit der breiten Lichtfülle einer Reflektorglühlampe zur Geltung
bringen.

Bei mehreren Objekten, Bildern oder Leseplätzen erhöht sich die
Zahl der Lichtquellen. Wichtig wäre dabei jedoch, jede einzeln
schalten zu können. Wenn nämlich nur eine Person liest, braucht
man nur eine Leseleuchte, dafür könnte man aber auch alle Objekte
beleuchten. Wenn mehrere Personen lesen, reichen eventuell die
Leseleuchten, denn der Lesende möchte sich ja auf das Buch konzentrieren und nicht gleichzeitig Bilder betrachten.
Es ergeben sich auf diese Weise eine Vielzahl von Beleuchtungsvarianten, die sicherlich nicht zentral geschaltet werden müssen. Gestalten heißt auch tun, täglich neu. Sie werden sehr schnell die Erfahrung machen, daß auch das Lebensqualität bedeutet: aufstehen,
herumgehen, Beleuchtungsvarianten ausprobieren. Schließlich haben Sie heute andere Bedürfnisse als morgen. Diese gilt es zu erkennen und aufzuspüren und die Lichtverhältnisse entsprechend
darauf einzustellen. Sie werden dabei bemerken, daß Sie auf jedes
Licht anders reagieren. Beim Tageslicht kommen die kühlen Blau-
Grün-Varianten mehr zum Tragen, die Frische und Wachheit fördern. Am Abend dann, wenn Sie sich auf die warme Beleuchtung
konzentrieren, verschwinden die *frischen Töne* in der Dämmerung,
und die rotanteiligen warmen Töne geben Ihnen anheimelnde Geborgenheit.
Also kommt auch in diesem Bereich wieder das Zusammen- und

Wechselspiel der Polaritäten, sowohl im Licht als auch in der Farbe, zum Tragen. Und wir Menschen können, wenn wir wollen, Angelpunkt der Geschehnisse sein und nicht nur zwangsläufige Beobachter.

Farbtest und Wohnfarbigkeit

Der im Kapitel 6 vorgestellte Farbtest läßt sich auch auf die Wohnung übertragen, wozu wir Ihnen folgende Tips geben möchten:

1. Die Wahl der Kombination entscheidet über Ihren Wohnstil und die Materialien.
2. Die Vorzugsfarbe gibt Hinweise auf Akzente und sollte bewußt vorsichtig angewendet werden.
3. Die Ablehnungsfarbe darf durchaus in der Wohnung vorkommen. Mit anderen Farben kombiniert, verliert sie oft ihren abstoßenden Charakter und kann dadurch objektiviert werden, was sich auch positiv auf das Problem auswirkt, das durch diese Ablehnung ausgedrückt wird.
4. Vorsicht ist beim Versuch mit Eigentherapie in vollflächigen Ablehnungsfarben angezeigt. Wohnen soll *entspannen*, und die Wohnung soll aus sich heraus entspannend wirken. Eigentherapie schafft meistens neue Spannungen.

Wie bereits erwähnt, läßt sich aus den Kombinationen eine charakterliche Richtung erkennen, die Rückschlüsse auf Wohnfarbigkeit und Wohnmaterialien zuläßt:

– Die Kombinationen auf der *Farbtafel XIII* entsprechen einer geistig-intellektuellen Linie. Analog dazu sollte auch die Farbigkeit der Wohnung zurückhaltend sein. Als Wohnhölzer empfehlen wir vor allem Harthölzer wie Buche, Esche, Ahorn. Dazu werden gern Leder und Edelstahl kombiniert. Um dem Ganzen die Härte zu nehmen, empfiehlt es sich, wolliges Material für Bezüge, Bodenbeläge etc. zu wählen. Für Wände und Decken empfehlen sich *lichte* blaue bis grüne Farbtöne. Von den warmen Farben könnte als einzige ein intensives Rot zur Akzentuierung verwendet werden.

- Liegt Ihre bevorzugte Farbkombination in der Mitte auf den *Farbtafeln XIV/XV*, entsprechen Sie den praktisch-warmherzigen Typen. Zu Ihnen passen dann warmtönige, sonnige, naturbelassene Hölzer von hell bis dunkel – je nach der gewählten Kombination. In Frage kommen vor allem heimische Hölzer wie Erle, Birke, Kiefer oder Eiche. Die dazu passende Farbigkeit an den Wänden und Decken erstreckt sich von Apricot bis Hellblau – anstatt des üblicherweise nichtssagenden Weiß – und gleicht der Farbigkeit des Morgen- und Abendhimmels. Aus dem Bereich Ihrer Vorzugsfarbe dürfen Sie gern kräftige Akzente setzen.

- Befindet sich die Kombination Ihrer Wahl auf der *Farbtafel XVI*, lieben Sie das Besondere. Dies drückt sich auch in den zu Ihnen passenden Wohnhölzern aus. Exotik ist auf jeden Fall angesagt: z. B. amerikanisches Nußbaumholz mit leicht violetter Tönung oder die Raritäten aus unserer Heimat wie Apfelbaum, Birnbaum und Zwetschge oder Eibe. Für die Raumfarben wählen Sie zarte Übergänge von Lila bis Purpur und Apricot, von Hellblau bis Ultramarin.

Ein Erfahrungsbericht

Zum Abschluß dieses Kapitels eine kleine Geschichte aus unserer eigenen Erfahrung:

Ein befreundetes Ehepaar, beide Ende Zwanzig, bat uns, ihnen bei der Einrichtung der neuen Wohnung behilflich zu sein. Beim ersten »Ortstermin« stellte sich heraus, daß im Prinzip jede Hilfe zu spät kam, denn die Wohnung war bereits *beige* tapeziert, und der unabänderliche *braune* Synthetik-Veloursteppich für das Wohnzimmer lag – zwar noch auf der Rolle – bereit zum Verlegen. Auf die Frage, wo und wie wir denn aktiv werden sollten, hieß es: »Beim Plazieren der Möbel und beim Aussuchen der Gardinen.«

Der Freundschaft zuliebe fuhren wir am nächsten Wochenende mit Gardinenmustern beladen in die Wohnung und legten die den Vorgaben am ehesten entsprechende Muster vor. Dabei blieb der Blick des Mannes an einem Farbmusterstreifen hängen, der üblicherweise bei Stoffmustern angebracht ist, um weitere Farbmöglichkeiten aufzuzeigen. Dieser Streifen war auffallend kräftig mit Violett, Purpur und kühlen Pastellen gemustert, wozu unser Bekannter meinte: »*Eigentlich* würde mir so etwas gefallen.« Wir fragten zurück, wieso dann die ganze Wohnung *braun/beige* anstatt in der *eigentlichen* Farbe gestaltet sei. Darauf kamen die üblichen Argumente, daß ja alles passen müsse, daß es sicherer wäre, daß *Braun/Beige* länger anzusehen wäre und all die anderen Standardsätze, die schlechte Berater auf Lager haben, wenn sie ihren Kunden das »andrehen« möchten, was »man gerade so hat«. Wir empfahlen, das *Eigentliche* aufzuspüren, mit einem ausführlichen Farbtest der *Eigenheit* auf die Spur zu kommen, was bereitwillig akzeptiert wurde.

An dieser Stelle ist es Zeit, das Zusammenleben unseres Paares etwas zu beleuchten. Richtigerweise müßte man vom »Auseinanderleben« sprechen, denn es gab in dieser Beziehung nur noch das in der Kirche gegebene Jawort, welches die beiden aufgrund ihrer religiösen Erziehung verpflichtete, unter einem Dach zu leben. Ansonsten gingen sie getrennte Wege und hatten beschlossen, kinderlos zu bleiben.

Bei der Aufnahme des Farbtests, den die Partner natürlich getrennt voneinander vollzogen, wurde deutlich, daß es bei beiden viele übereinstimmende Punkte gab. In der Testauswertung wurde dies wesentlich verdeutlicht, und als wir uns ein paar Tage später in der inzwischen bezogenen Wohnung zusammensetzten, wurde den beiden klar, wie gut sie *eigentlich* harmonierten. Lediglich ihre zur Zeit unterschiedlichen Interessen waren schuld daran, daß nie über die Gemeinsamkeiten gesprochen wurde.

Es wurde auch klar, daß sie in *Braun/Beige* nicht zusammenkommen konnten, und so war der Weg frei, die neu eingerichtete Wohnung erneut zu renovieren. Im Laufe von zwei Jahren wurde die Wohnung individuell Zimmer für Zimmer umgebaut: Es wurden Schränke zersägt, zuvor verschlossene und übertapezierte Türen wieder geöffnet und manche Funktion den tatsächlichen Notwendigkeiten angepaßt.

Die Schlafzimmergestaltung wurde zur Krönung des gesamten Ambientes. Beide hatten sich – da sie sich für abstrakte Kunst begeisterten – übereinstimmend dasselbe Bild von Heinrich Frieling für das Schlafzimmer ausgesucht. Das Bild deckte sich in Farbe und Aussage im wesentlichen mit den Farbtestergebnissen. Wir hatten also die Aufgabe, aus Frieling-Test und Frieling-Bild ein ganz individuelles, auf zwei Menschen abgestimmtes Schlafzimmer zu gestalten, was unter diesen Vorgaben hundertprozentig gelang.

Kaum war das Schlafzimmer fertig, wurde es Zeit, das sogenannte »Gästezimmer« neu zu tapezieren und zu möblieren, allerdings nicht mehr in der dubiosen Art eines Gästezimmers, sondern klar und eindeutig als Kinderzimmer, das auch bald belegt wurde.

Inzwischen sind fünfzehn Jahre vergangen. Aus einem unharmonischen Paar ist eine glückliche vierköpfige Familie geworden, woran die richtige Farbe nicht ganz unbeteiligt war.

9 Farbe und Therapie

Kein anderer Aspekt der Farbe ist in den letzten Jahren so stark in der Öffentlichkeit und vor allem auf dem Büchersektor hervorgetreten wie der therapeutische Einsatz der Farben. Erinnern wir uns an Goethes Ausspruch: »Farben sind Taten und Leiden des Lichts« und denken wir an die Unerläßlichkeit des Lichtes in fast allen Lebensformen und -bereichen, so liegt die Möglichkeit, mit Farben zu therapieren und zu heilen, auf der Hand. *Heilen mit Farben* ist *psychosomatisches Heilen*, und das heißt: Heilen, indem man sich auf die Psyche des einzelnen einläßt.

Dabei muß betont werden, daß es nicht darum geht, sich in Eigentherapie bei Kopfschmerzen fünf bis zehn Minuten mit Grün zu bestrahlen, dem Zahnschmerz mit blauem Licht zu Leibe zu rücken oder die Melancholie mit Gelb zu vertreiben. Denn eine ganzheitliche Farbtherapie kann nicht wie die Allopathie einfach nur zum Gegenmittel greifen. Sie muß vielmehr die Mangelerscheinung auffinden und durch dosierte Gaben aus dem »spektralen Arzneischrank« den gesunden Ausgleich herstellen.

Im Bereich der »unterstützenden Therapie« hat sich der bewußte Einsatz längst bewährt, und wir wollen in diesem Zusammenhang auf zwei Projekte aus unserem Arbeitsfeld, der farbigen Umgebungsgestaltung, näher eingehen. »Unterstützende Therapie« nennen wir den gezielten Einsatz von Farbe – zusätzlich zu chirurgischen und medikamentösen Maßnahmen.

Die energetische Wirkung der Farbe ist seit Jahrtausenden bekannt. Den medizinischen Beweis dazu lieferte in den fünfziger Jahren Prof. Dr. Hollwich mit seinem Team an der Universitätsaugenklinik in Münster/Westfalen. Hollwich und seinen Kollegen war aufgefallen, wie positiv sich die Hautfarbe, das Wohlbefinden und die Stoffwechselfunktionen der Patienten nach einer Hornhauttransplantation veränderten. Es mußte also, so folgerten die Wissenschaftler, parallel zur optischen Sehbahn eine zweite Informationslinie geben, die den Körper über das Auge mit Energie versorgt. Dieser energetische Kanal war bei einer Hornhauttrübung natürlich ebenso verschlossen wie der optische und nahm erst nach der Öffnung infolge der Hornhauttransplantation seine volle Funktion wieder auf.

In unzähligen Versuchsreihen mit Menschen und Tieren konnte der Weg der »energetischen Sehbahn«, wie Hollwich diesen Energiekanal nannte, gefunden und medizinisch bewiesen werden. Gleichzeitig wurde die Existenz von lichtempfindlichen Hautsensoren auf der gesamten Hautoberfläche nachgewiesen, die beim sehenden Menschen relativ schwach ausgebildet sind, beim Geburtsblinden dagegen sehr stark und die vor allem in der Lage sind, die Lichtaufnahme in unterschiedlichen Spektralbereichen in hormonelle Steuerungsfunktionen umzusetzen. Aufgrund dieser Gegebenheiten ist es sinnvoll, sich gerade im klinischen Bereich der »farblichen Unterstützung« zu bedienen und von deren Wirkung zu profitieren.

In einer Spezialklinik für Verbrennungsopfer wurde der gesamte Patiententrakt in Türkis gehalten, was auf Besucher wie Patienten einen *unterkühlten* Eindruck macht. Auf diese Weise wird den Verbrennungsopfern das Gefühl der zur Schmerzlinderung notwendigen Kühlung vermittelt. Farbe kann den gefühlsmäßigen Eindruck von Wärme und Kälte um drei Grad nach oben und unten beeinflussen. Im vorliegenden Falle konnten so die Krankenzimmer mit normaler Raumtemperatur klimatisiert werden, um Erkältungskrankheiten, vor allem aber Lungenentzündungen vorzubeugen bei gleichzeitig kühlender Empfindung auf der Haut.

Ähnlich effektiv, wenngleich mit einem ganz anderen Hintergrund wurden die Farben für die Entbindungsräume in einer Bremer Klinik gewählt. Wir haben diesen Fall bereits im Bereich der *polaren Farbachsen* (Kapitel 3) angedeutet, und zwar ging hierbei der Farbimpuls von der Farbbevorzugung der schwangeren Frauen aus. Somit wird auch klar, daß richtige Farbberatung und Therapieunterstützung nicht im Kopf oder im Gefühl eines Beraters entstehen kann, sondern sich an den psychobiologischen Gegebenheiten orientiert.

Wir entwickelten für die Entbindungsräume ein Farbkonzept, das als Basis den Blaugrünbereich (Meergrün) hatte. Aufgrund der Anforderung des »Tief-Einatmens« und des darauf folgenden »Pressens« waren die Weichen für eine polare Gestaltung zwischen den Bereichen Meergrün und Orange gestellt. In enger Zusammenarbeit mit Architekt und Klinikleitung wurde die endgültige Farb- und Materialplanung erstellt und umgesetzt.

Im einzelnen war die Realisierung so, daß der Meergrünbereich sich in verschiedenen Helligkeitsstufen über Wandfliesen (Sanitärbereich), Wand- und Deckenfarben ausdehnte, der warmtönige Orangebereich wurde über Möbelfronten in Kirschbaumholz, sandfarbenem Bodenbelag und einer sandfarbenen Acrylbadewanne zur Geltung gebracht. Jeder Farbbereich ist also in mehreren Varianten vertreten, so daß es nicht etwa zu einer harten Kontrastgestaltung kommt, sondern die einzelnen Material- und Farbnuancen der gegenfarbigen Bereiche miteinander in Kontakt treten können.

Immer wenn es um den therapeutischen Einsatz geht, dürfen wir getrost davon ausgehen, daß im Bereich Harmonie und Einklang ein Mangel besteht. Diesen können wir – sofern wir die Gesetze der Farbe nicht befolgen – noch vergrößern oder aber – bei richtigem Umgang – abbauen. Im Rahmen der Ostwaldschen Farbenlehre haben wir bereits auf die drei Parameter einer Farbe hingewiesen, und vielleicht hat mancher unter den Lesern gedacht: »Was soll ich damit? Ich möchte nicht theoretisieren, mich interessiert, was mit Farbe machbar ist.« Gerade wenn es darum geht, mit Farben in unseren *psychobiologischen* Kreislauf einzugreifen, sind einige Grundlagenkenntnisse der Farbsystematik unerläßlich, da es sich hierbei gleichzeitig auch um *empfindbare* Faktoren handelt.

Wenn wir, wie im Falle der zuvor genannten Entbindungsklinik, Meergrün und Feuerrot zusammenbringen, so haben wir es mit einem dreifachen Kontrast zu tun. Die beiden Farben liegen sich annähernd polar gegenüber (Farbtonkontrast). Beide Farben sind von deutlich unterschiedener Helligkeit (Helligkeitskontrast), und beide Farben haben eine deutlich unterschiedliche Intensität (Sättigungskontrast). Unter diesen Voraussetzungen ist es kaum möglich, eine harmonische Gestaltung aufzubauen. Bringen wir jedoch beide Farben in den Bereichen Helligkeit und Sättigung zur Annäherung, so wird der letztlich verbleibende Farbtonkontrast als angenehme Abwechslung empfunden. Die solcherart entstandene Harmonie hat die dynamische Gegensätzlichkeit, die im Falle der Entbindungsklinik gefordert ist, behalten, ohne auf vordergründige Kontraste zu bauen.

Soviel zu einem erprobten und bewährten Bereich des therapeutischen Farbeinsatzes, der natürlich nicht die spektakulären Erfolge zu verzeichnen hat, wie sie in der landläufigen Vorstellung von der Farbtherapie erwartet werden.

Wie gegensätzlich Farbe auf den einzelnen Menschen wirken kann, möchten wir anhand einiger Forschungsbeispiele aus unseren Farbberaterseminaren erläutern. Bei den Aufbaukursen wiederholt sich im dreijährigen Rhythmus das Thema »Mensch und Farbe«. Im Verlauf dieser Seminare, bei denen Therapeuten und Ärzte zu den Referenten zählen, erhalten die Teilnehmer Gelegenheit zu Selbstversuchen mit Farblichtbestrahlung und Farbräumen. Unter ärztlicher Kontrolle kann so der künftige Farbberater *erfahren*, wie sehr Farbe ihn beeinflußt.

Aus diesen bereits seit den siebziger Jahren – damals noch unter Dr. Frieling – durchgeführten Versuchen läßt sich als gemeinsamen Schluß die Feststellung herleiten, daß die Wirkung *monochromer* Räume wesentlich nachhaltiger und intensiver ist als die der Farblichtbestrahlung. Wir werden daher vor allem auf Erfahrungen mit solchen Räumen zurückgreifen.

Erstes Beispiel:
Karin, 45 Jahre, und Beate, 47 Jahre.
Sie haben beide denselben relativ hohen Puls mit 100 (Ausgangsposition); der Blutdruck beträgt bei Karin 125/70 und bei Beate
105/65.
Nach zehn Minuten Aufenthalt im »roten Raum« ist der Puls bei
Karin von 100 auf 108 angestiegen; der Blutdruck jedoch auf
175/80. Karin ist »richtig in Fahrt«, wie sie sagt.
Bei Beate haben die zehn Minuten im »roten Raum« den Blutdruck
im Oberwert von 105 zu 98 gesenkt, der Unterwert ist bei 65 konstant geblieben. Der Puls ist jedoch von 100 auf 75 gesunken. Beate
fühlt sich ruhig und ausgeglichen.
Bei Ulrike (30 Jahre) stieg im gleichen Versuch der Puls von 73 auf
95, während sich der Blutdruck von 110/65 Ausgangslage zu 110/60
kaum veränderte.
Es zeigt sich somit, daß viele Faktoren mitwirken und zusammen-
spielen. Beim Therapieren mit Farbe kann diese also nicht als reines Gegenmittel, vergleichbar der Schmerztablette, eingesetzt
werden.

Zweites Beispiel:
Andrea, 48 Jahre, Designerin.
Andrea, eine Frau mit Blau-Vorliebe, begibt sich bei einem Blutdruck von 115/70 und einem Puls von 73 in den »blauen Raum«.
Nach wenigen Minuten meldet sie zunehmende Kühle, möchte den
Versuch jedoch fortsetzen. Nach acht Minuten ruft sie den Arzt.
Der Puls ist kaum fühlbar, ihr Kreislauf ist zusammengebrochen;
sie ist nicht mehr imstande, alleine zu gehen. Der Arzt hilft ihr in
den »roten Raum«, wo sie sich nach fünf Minuten wieder völlig
regeneriert hat. Sie bleibt noch über weitere zehn Minuten im
»roten Raum« ohne besondere Änderungen von Puls und Blutdruck. Es geht ihr wieder »blendend«, wie sie sagt.
Im Falle von Andrea wissen wir, daß sie psychologisch ganz und gar
im Bereich von Rot bis Rotorange angesiedelt ist. Das Blau, welches

ja genau gegensätzlich zum Rot schwingt, hat die Rotschwingung überlagert und sozusagen erdrückt.

Drittes Beispiel:
Erik, 35 Jahre, Kunstmaler.
Erik hat endlich so viel Geld gespart, daß er sich nach langen Jahren den langgehegten Wunsch nach einem Neuwagen erfüllen kann. Stolz zeigt er am Seminarbeginn allen Teilnehmern sein »gutes Stück«, das bezeichnenderweise goldfarbig ist.
Am Ende des zweiwöchigen Seminars macht Dr. Frieling Versuche mit Farblichtbestrahlungen, und da der Seminarraum über Dekorationskabinen verfügt, werden auch zum ersten Mal Farbräume getestet. Erik nimmt an, daß das für ihn nicht sonderlich interessante Grün die richtige Therapie wäre, um die Zukunft sicherer zu gestalten. Er möchte sich an Grün »satt sehen« und für die Dauer des Abschlußvortrages von ca. 40 Minuten im »grünen Raum« verweilen. Nach Puls- und Blutdruckkontrolle begibt sich Erik in »seinen« Raum. Die im Abstand von zehn Minuten durchgeführten Kontrollen ergeben keine merkliche Veränderung, und als das Seminar zu Ende ist, hat sich sein Puls um zwei Schläge gesenkt und sein Blutdruck im selben Umfang.
Gut eineinhalb Stunden nach dem »Grün-Raum-Experiments« steigt Erik in der Tiefgarage in sein neues Auto, um einige Teilnehmer zum Bahnhof zu bringen. Bei der Ausfahrt geht es relativ eng an einer Betonstütze vorbei, und die Beifahrer warnen ihn noch, erst zurückzusetzen, um dann weiterzufahren. Er beharrt darauf, es zu versuchen. Es kracht, das neue Auto hat eine kräftige Beule im hinteren Kotflügel, und die Stoßstange ist verbogen. Eriks Kommentar: »Was soll's – ist ja nur Blech!« Er fährt, ohne den Schaden zu besehen, zum Bahnhof und kehrt anschließend zurück. Stunden später, beim gemütlichen Ausklang, sitzt Erik mit hängendem Kopf dabei und kann sein gleichgültiges Verhalten nicht verstehen.
Bei späteren Versuchen konnten wir feststellen, daß Puls und Blutdruck sich erst ca. eine Stunde nach der Grünentwicklung zu ändern

beginnen und daß sich dann auch psychisch ein Zustand wie unter Tranquilizerwirkung einstellt.

Jedes Beispiel zeigt für sich, wie gefährlich es ist, mit Farben leichtfertig herumzuexperimentieren oder sich aufgrund von Beiträgen in Zeitschriften oder Büchern mit Hilfe von Farbtüchern oder farbiger Beleuchtung selbst heilen zu wollen.

Neben den zuvor beschriebenen Unwägbarkeiten ist vor allem die jeweilige Bestimmung von Farbfiltern, Farbmustern etc. – bezogen auf das spektrale Verhalten – sehr ungenau und daher ein weiteres Risiko. Aufgrund der technischen Ausstattung unseres Institutes haben wir immer wieder feststellen können, daß so wissenschaftlich klingende Angaben wie 486,5 Nanometer = Blaugrün im Bereich der sogenannten Farbtherapie entweder falsch sind, weil sie einfach unkontrolliert übernommen wurden oder aber gar nicht zutreffen können, weil das bezeichnete Indigo beispielsweise bereits Rotanteile enthält und somit keine spektralreine Farbe mehr ist, sondern eine zusammengesetzte.

Es ist ausgeschlossen, über Folien spektralreine Farben auszufiltern, selbst gute optische Glasfilter haben eine Streuung in ihrer Ausfilterung von 10 Nanometern. Die eindeutigste Methode zur Farbbeschreibung ist die Angabe der Spektralverteilung. Aufgrund der heute gebräuchlichen Meßmethoden und -geräte kann die Spektralverteilung problemlos als grafische Darstellung ausgedruckt werden, wodurch Farben auf einen Blick in ihren spektralen Anteilen zu erfassen sind.

Dieses Verfahren läßt sich gleichermaßen für deckende oder transparente Farben (Filter und Folien) anwenden. Von den folgenden zwei Spektralkurven (Abb. 13) zeigt die erste ein spektralreines Indigo (durchgezogene Linie). Als Filter wurde ein »Kirchenglas« (mundgeblasenes, mit Metall eingefärbtes Glas) benützt, wie es seit der Gotik verwendet wird.

Die zweite Kurve (gestrichelte Linie) stammt von einem handelsüblichen Glasfilter und gibt optisch denselben Indigo-Eindruck,

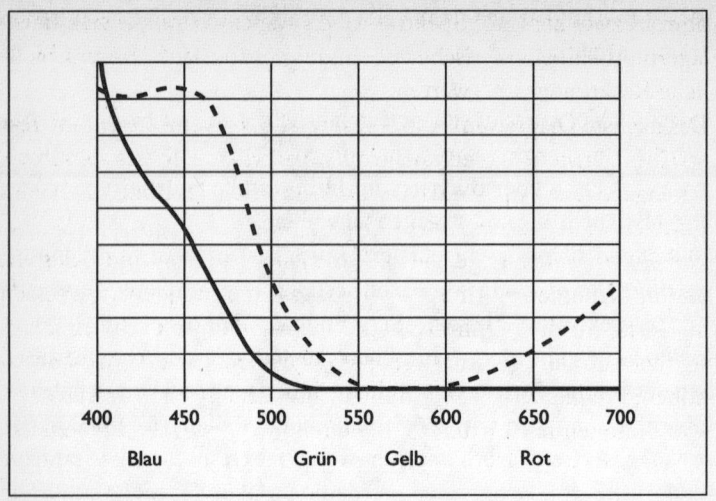

Abb. 13 Zwei Indigo-Spektralkurven im Vergleich

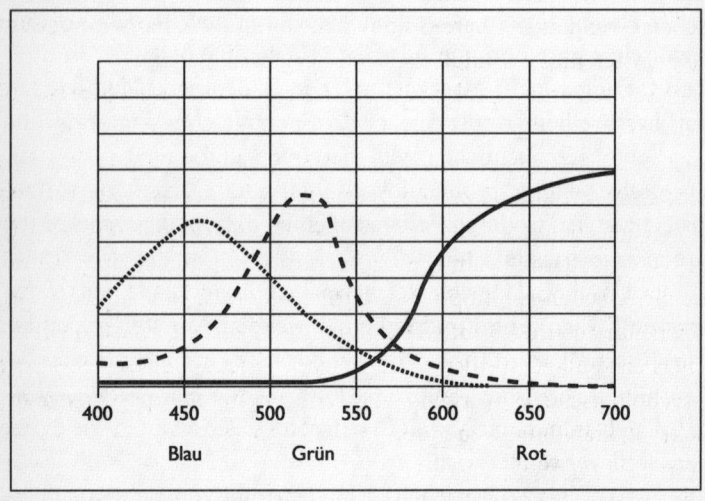

Abb. 14 Die Spektralkurven des roten, blauen und grünen Farbraums

168

obwohl zwei konträre Spektral- und Frequenzbereiche sich über-
lagern. Auf bioenergetischer Ebene sind zwangsläufig unterschiedliche Reaktionen zu erwarten.

Das nächste Diagramm (Abb. 14) zeigt die Kurvenzüge der im Text
erwähnten roten, blauen und grünen Farbräume: Spektralendrot =
durchgezogene Linie, mittiges Grün = gestrichelte Linie, spektrales
Endblau = gepunktete Linie.

Neben der Wellenlänge, die in Bezug zum visuellen Eindruck steht
und in Nanometer gemessen wird, spielt die Frequenz, gemessen
in Hertz, für die biophysikalische Wirkung einer Farbe eine wesentliche Rolle. Das kurzwellige Ultraviolett hat eine wesentlich
höhere Frequenz (ca. 750 Billionen) als das langwellige Infrarot (ca.
400 Billionen pro Sekunde). Bei zusammengesetzten Farben also
haben wir es auch mit völlig unterschiedlichen Frequenzschwin-
gungen zu tun, die gegebenenfalls nicht vorhersehbare Reaktionen
auslösen. Aus diesem Grunde verwenden wir für unsere Versuche
mit den Farbräumen immer Spektralendblau, Spektralendrot und
ein genau dazwischen liegendes Grün. Aufgrund ihrer physikalischen Grundeigenschaften sind die Grüntöne die Farben mit dem
schmalsten und kontinuierlichsten Spektralausschnitt.

Der Schweizer Heilpraktiker Roman Brantschen beschäftigt sich in
seinem Buch *Heilen mit Licht und Farben** ausschließlich mit der Fre-
quenzschwingung der Farben. Aus seinen Untersuchungen läßt
sich eine Verbindung zu den Arbeiten des Physikers Fritz A. Popp
herstellen, der sich mit dem Informationspotential im UV-Be-
reich – vor allem bei ultraschwacher Strahlung – beschäftigt. Gerade die Arbeiten von Popp und Brantschen eröffnen völlig neue Bereiche für den therapeutischen Einsatz von Farben. Es kann mit Sicherheit gesagt werden, daß Farbe – schon allein über die
psychologische Einwirkung – gerade im Bereich psychosomati-
scher Erkrankungen zu guten Heilerfolgen führt.

* Roman Brantschen: *Heilen mit Licht und Farben*, Ariston Verlag, Genf/Mün-
  chen 1994

Es muß aber auf der anderen Seite auch klar sein, daß in manchen Fällen – das heißt zum Beispiel bei unsachgemäßem Einsatz von Kunststoffolien vor Glühlampen – die Gesundheitsprobleme durch die Behandlung noch vergrößert werden können. Im Gegensatz zur Homöopathie, bei der wir auf eine lange gesicherte Medikamentierung zurückblicken können, steckt die Farbtherapie noch in den Kinderschuhen. Das *Basismedikament* ist bei weitem nicht so klar definiert wie z. B. in der Homöopathie Belladonna, ganz zu schweigen von der dann richtigen »Potenzierung« und Dosierung.

Goethe hat sich in seinem historischen Teil der Farbenlehre sehr intensiv mit »altem Wissen« beschäftigt und alte Quellen sowohl römischer als auch griechischer Herkunft zitiert, darunter Therapeuten wie Empedokles. Er hat keinen Hinweis auf das Therapieren mit der Farbe gefunden; daß er ihn uns mit besonderer Freude überliefert hätte, steht jedoch außer Zweifel.

Zum Abschluß noch ein Bericht über den Bereich *Malen als Therapie*, von dem bereits beim Thema »Kinderfarbigkeit« (vgl. Kapitel 4) die Rede war. Dazu hat die in Bremen lebende Psychologin und Kunsttherapeutin Dr. Ruth Hampe ein Projekt an einer Klinik initiiert, welches auch heute, über zehn Jahre später, noch erfolgreich angewendet wird.

In der von Frau Hampe betreuten Station befinden sich Frauen mit akuten seelischen Problemen, die von Krebserkennung, daraus resultierender Brustamputation, Totaloperation und auch von Fehlgeburten herrühren. Frau Hampe tritt immer wenige Stunden nach der Operation etc. an die Patientinnen heran und bietet ihnen Beistand als Therapeutin an. Im Verlauf des Gespräches, das dann in der Regel zustande kommt, ermuntert sie die Patientin, ihre momentane Situation zu *malen*.

Die meisten sind bereit dazu, wobei jedoch oft der Einwurf kommt: »Ich kann doch nicht malen«. In diesen Fällen bietet die Therapeutin die Möglichkeit an, ein Mandala (Kreis- oder Ovalbild) zu malen, wozu es ja keiner großen Malkünste bedarf. Die Patientin erhält einen Block und Buntstifte und kann – noch während sie aufgrund der Operationsfolgen an das Bett gefesselt ist – ihren Zustand in farbigen Bildern ausdrücken.

Aus der Farbwahl und der symbolischen Anlage kann dann auf den seelischen Zustand geschlossen und die Möglichkeit erörtert werden, in weiteren Malsitzungen mit verschiedenen Techniken die psychische Komponente der Operation aufzuarbeiten, was auch die Ausheilung der rein körperlichen Aspekte begünstigt. Das Projekt hat gezeigt, daß fast alle Patientinnen, die an der Maltherapie teilnehmen, die Klinik früher verlassen können als jene, die sich ihren Problemen nicht auf diese Weise stellen. Im Rahmen der körperlichen Nachsorge werden dann auch weitere Malsitzungen angeboten, bis die Patientinnen das Problem malerisch bewältigt haben.

Wir könnten bei den Verheißungen, die gemeinhin in Büchern und Gazetten zu lesen sind, der Idee verfallen, mit der Farbe nun eine sanfte und natürliche Therapie gefunden bzw. entdeckt zu haben. Die Farbtherapie als Mittel aus dem Arzneischrank der Schöpfung entspricht jedoch unserem zivilisationsgewohnten Umgang mit Krankheit und ist daher auch nur selten zur Behandlung geeignet, denn mit natürlichen Mitteln kann nur geheilt werden, was natürliche Ursachen hat.

Vielleicht sind dazu einige Sätze von Mahatma Gandhi überlegenswert:

Die Aufgabe eines Arztes ist es, die Krankheiten, die den Körper angegriffen haben, herauszufinden. Wie entstehen diese Krankheiten? Sicherlich, indem wir unseren Körper vernachlässigen oder irgendwelchen Lastern frönen. Essen wir zuviel, haben wir Probleme mit der Verdauung. Wir gehen dann zum Arzt und nehmen die Tabletten, die er uns gibt, und wir sind geheilt. Wir essen wiederum zuviel, nehmen wieder seine Tabletten. Hätte der Arzt nicht eingegriffen, hätte die Natur ihr Werk vollbracht, und ich hätte die Gelegenheit gehabt, mich zu meistern, über meine Sinne Herr zu werden. Ich hätte die Möglichkeit gehabt, mich von dem Laster zu befreien und glücklich zu werden.*

Das heißt am Ende nichts anderes, als präventiv mit Licht und Farbe umzugehen.

---

* Mahatma Gandhi: *Wege und Mittel*, Elster Verlag und Rio Verlag, Zürich

10 Astrologie und Farbe

In diesem Kapitel wollen wir Sie auf Verbindungen zwischen den Symbolsprachen der Astrologie und der Farbe aufmerksam machen. Zwei wesentliche Punkte bewogen uns zur näheren Auseinandersetzung mit der Astrologie: zum einen die spürbare, erlebbare Wirkung des Mondes auf den natürlichen Rhythmus der Natur; zum zweiten die immer wiederkehrende Feststellung von Teilnehmern unseres Computerfarbtests, daß die Aussage der Farbtestauswertung mit dem eigenen Horoskop übereinstimme.

Der Mondkalender

Der erste Kontakt mit diesem Thema ergab sich für uns durch die Beschäftigung mit dem Mondkalender von Paungger.* Wir haben uns von diesem Buch anregen lassen, die Tierkreiszeichen durch ein vereinfachtes Schema zu ordnen, da so die Handhabung des Mondkalenders durch die farbliche Unterstützung denkbar einfach und übersichtlich wird. Als Grundlage dient das Projektionsfeld des Frieling-Tests, in dem die vier Elemente mit farblicher Unterstützung der vier Grundfarben als Vorlage dienen. Hier lassen sich jetzt leicht die Tierkreiszeichen zuordnen, da sie ja ebenfalls einen Bezug zu den Elementen haben (vgl. Abb. 14). Da auch die Nahrungsqualitäten in Beziehung zu den Elementen stehen, kann man sie ebenfalls leicht in dieses Schema einfügen: Das Eiweiß und die Früchte gehören zum Feuerelement, zum Rot, die Kohlehydrate und die Blattgemüse zum Grün. Die Salze und Wurzelgemüse gehören logischerweise zum Erdelement, zum Blau; die Blüten, Samen, Öle und Fette werden dem luftig-leichten Element, dem Gelb, zuge-

---

* Johanna Paungger, Thomas Poppe; *Vom richtigen Zeitpunkt*, Verlag Heinrich Hugendubel, München 1991

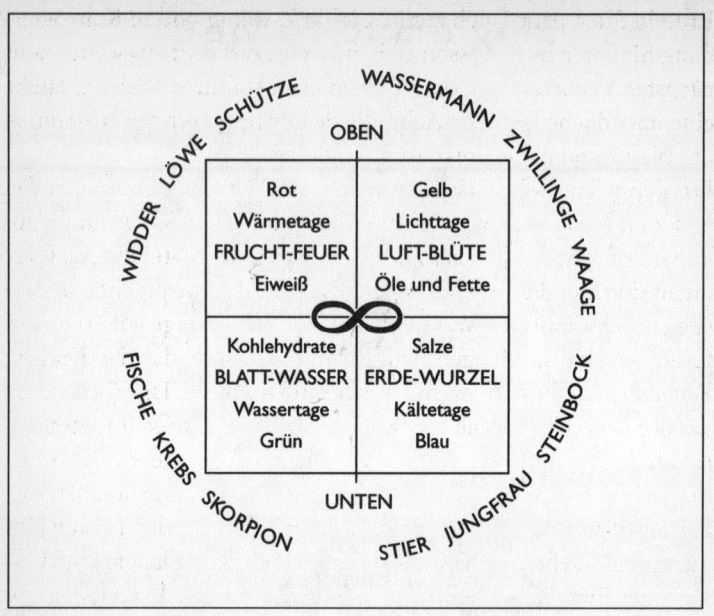

Abb. 15 Die Elementqualitäten
Ein kleiner Tip: Sie können mit Hilfe der Farbsymbolik die Aussagekraft dieses
Schemas unterstützen, indem Sie die Felder tatsächlich mit der entsprechenden
Farbe markieren.

ordnet. So sind die zwölf Tierkreiszeichen samt den einzelnen Qualitäten auf nur vier Positionen zusammengefaßt.

Wenn Sie einmal das Schema genauer betrachten, finden Sie die Pflanzenqualität unterteilt in »oben« und »unten«. Sie kennen sicher die geläufige Faustregel der Ernährung: »Etwas von unter und etwas von über der Erde!« Entsprechend befinden sich die Blatt- und Wurzelgemüse auf der unteren Hälfte des Schemas, die Blüten, Samen und Früchte auf der oberen.

Verbinden Sie die einzelnen Zeichen in ihrer jahreszeitlichen Abfolge: Beginnen Sie im Feuerfeld Widder, gehen Sie weiter zum

Erdfeld Stier, dann hoch zum Luftfeld Zwilling und in Kehrtwendung hinunter zum Wasserzeichen Krebs, von dort aus weiter zum nächsten Feuerzeichen, dem Löwen usw. Auf diese Weise entsteht eine unendliche liegende Acht, die den ewigwährenden Rhythmus der Natur und der Jahreszeiten symbolisiert.

Das gefundene Schema verdeutlicht auch die Bezüge zum Kalender und zu den kurzfristigen Wettertendenzen. Erdzeichen sind blau, und sie sind tatsächlich kalt, insbesondere das des Steinbocks. (Gemeint sind hier die Tage, an denen der *Mond* das entsprechende Zeichen durchwandert.) Wasserzeichen bzw. Wassertage gehören zum Grün, sie sind tatsächlich häufig naß (besonders das der Fische). Feuerzeichen sind rot, es sind warme und trockene Tage (besonders das des Löwen), und die Luftzeichen sind wie das Gelb Lichttage, luftig, windig und klar. Allerdings haben wir bei diesen Beobachtungen die Erfahrung gemacht, daß der Mond alleine herzlich wenig ausrichten kann, selbst wenn er im Zeichen des Löwen, im wärmsten Zeichen, steht, solange sich alle übrigen Planeten in Wasser- oder Erdzeichen befinden. Dennoch ist er der Planet, der den spürbarsten und kurzzeitig intensivsten Einfluß auf das Wetter ausübt. Er ist ja der schnellste Planet und benötigt im Durchschnitt nur 2,5 Tage, um ein Zeichen zu durchwandern.

Für die Wetterbeobachtungen sollten auf jeden Fall auch die anderen Planeten berücksichtigt werden, zu finden im alljährlichen AstroKalender*. Vergleichen Sie einmal die Termine der letzten großen Überschwemmungen, und Sie werden feststellen, daß sich nahezu alle Planeten dabei in Erd- und Wasserzeichen befanden. Die langsamer laufenden Planeten von Jupiter bis Pluto, die ein bis mehrere Jahre für den Durchlauf eines Zeichens benötigen, werden hier natürlich nicht mit einbezogen. Allerdings läßt sich auch verfolgen, daß diese das Wetter mit beeinflussen, und zwar durch langfristige Extreme: durch insgesamt besonders trockene oder besonders nasse Jahre. Wenn Sie das entsprechende Alter haben, erinnern

* C. Joachim Weiss: AstroKalender, Heyne Verlag, München

Sie sich sicher noch an die trockenen, heißen Sommer nach dem Kriege. Zu jener Zeit befanden sich die meisten der langsam laufenden Planeten in Feuer-und Luftzeichen (1947/48 z. B. Pluto und Saturn im Löwen).

Vergleich Farbtest und Tierkreiszeichen

Nach diesen Erkenntnissen folgerten wir: Wenn also bereits der Mond mitsamt den anderen Planeten derartige Einflüsse auf das Wetter hat, so muß an der Astrologie vielleicht doch etwas dran sein. Die Symbolsprache der Astrologie ist eine andere als die Symbolsprache der Farben. Und dennoch erzielen beide dasselbe Ergebnis! Wo liegen die Gemeinsamkeiten? Gibt es eine Möglichkeit, beide zu verbinden? Wir kamen zu folgendem Ergebnis:
Beide Ausdrucksformen basieren auf den vier Elementen *Erde, Wasser, Feuer, Luft*. Die Analogie der astrologischen Luftzeichen zur Bedeutung des Gelbs springt sofort ins Auge. Ebenso auffallend sind die Parallelen der Erd-, Wasser- und Feuerzeichen zu den Eigenschaften der Farben mit gleichem Element.
Aber welcher Zusammenhang besteht nun zwischen Vorzugsfarbe und Tierkreiszeichen? Die Astrologie ordnet ja den einzelnen Zeichen bestimmte Farben zu. Diese Zuordnungen sind jedoch sehr vage und differieren von Astrologe zu Astrologe und auch von Land zu Land.
Als Ergebnis unserer breitangelegten Untersuchung (über 2000 Testpersonen) können wir mit Sicherheit sagen, daß diese Zuordnungen in den meisten Fällen nicht mit den Vorzugsfarben der Befragten übereinstimmen. Dies soll am Beispiel des Luftzeichens Zwilling näher erläutert werden: Immer wieder kann man lesen, die Farben des Zwillings seien Hellblau und Gelb. Richtig ist, daß Gelb und Himmelblau den luftig-leichten Charakter des Luftelements umschreiben: Gelb in der vitalen Form und Himmelblau in der geschwächten, schwebenden, verfeinerten Variante. Die Farbe wird

hier tatsächlich als Symbolsprache eingesetzt, um den Charakter des Zeichens zu umschreiben. Aus der Untersuchung ist nun zu ersehen, daß die einzelnen Zeichen genau das bevorzugen, was *nicht* der Aussage ihres Charakters entspricht. Um beim Beispiel der Luftzeichen zu bleiben: Sie tendieren zum tiefen Bereich von Meergrün, Ultramarin und Purpur.

Entsprechend verhält es sich bei den Erdzeichen: Sie bewegen sich im Farbkreis zur Mitte hoch und darüber hinaus. Der Steinbock bevorzugt die reale Rot-Grün-Achse und der Stier überwiegend das Rot. Die Jungfrau geht interessanterweise eine Ebene höher, allerdings auffallend in der verhüllten, weniger vitalen Farbigkeit der »vitalen Ebene« (siehe Abb. 5), Rotorange/Maigrün in den Tönen Ocker und Olivgrün, die mehr den dienenden, weniger eigenständigen Charakter haben. Diese Tatsache ist insofern besonders markant, als es Vorzugsfarben sind, die nicht so häufig genannt werden. Weniger einheitlich richtungsorientiert sind die Zeichen der Mitte, die Wasser- und Feuerzeichen. Ihre Tendenzen sind individueller auf das einzelne Zeichen bezogen.

Diese Ergebnisse stammen aus unserer ersten Untersuchung im Jahre 1993/94. Im Jahr 1996, d. h. kurz vor Beendigung dieses Buches, führten wir dieselbe Untersuchung mit einem vergleichbaren Personenkreis noch einmal durch. Dabei fiel uns auf, daß sich bei einigen Zeichen die Vorzugsfarbe verändert hatte. Die Jungfrau beispielsweise tendierte jetzt weniger zum elangebremsten, angepaßten Ocker-Oliv und mehr zur vitalen Vollfarbe Orange. Daß hierfür der Einfluß des Saturn geltend gemacht werden kann, der die letzten drei Jahre in Opposition zu diesem Zeichen stand, ist natürlich nur eine vage Vermutung.

Doch eines können wir mit Sicherheit sagen und wissen das auch aus anderen Untersuchungen: Die Vorzugs- und Ablehnungsfarben beim einzelnen hängen mit den jeweiligen Entwicklungsphasen zusammen, und auch der allgemeine Trend ist lediglich ein Spiegel des Zeitgeistes und der kollektiven Empfindung.

Wir kehren nun zum eigentlichen Thema zurück: Welche Farbe

entspricht dem Tierkreiszeichen, in dem sich die Sonne bei der Geburt befand?

Um beide Symbolsprachen verbinden zu können, bedarf es logischerweise gleichwertiger Qualitäten. Zwölf Tierkreiszeichen erfordern folglich zwölf vollwertige Farben, Vollfarben. Schwarz, Weiß, die Unbunten, Pastelle und Verhüllten, d. h. die geschwächten und elangebremsten Farben scheiden für einen derartigen Vergleich aus; sonst erhalten wir wieder nur individuell gefärbte Varianten, wie wir sie schon zur Genüge kennen.

Was wäre hier besser geeignet als unser zwölfteiliger Farbkreis mit seinem durchlaufenden Spektrum? Allerdings können wir nicht einfach den Farbkreis mit dem Tierkreis in durchlaufender Abfolge, wie er auf vielen Abbildungen zu sehen ist, gleichsetzen. Dies wäre zu schematisch und schließt sich schon durch die Verteilung der Elemente aus. Der Tierkreis folgt in seinem Ablauf ja auch dem Wechsel der Elemente. Sie erinnern sich noch an die Darstellung des Monddurchlaufs (Abb. 15)? Umsortiert nach dem Rhythmus der vier Elemente bzw. der vier Urfarben, erhalten wir beim Umlauf der Planeten die ewige Acht, das heißt einen immer wiederkehrenden Rhythmus durch den Tierkreis, eben im Wandel der Jahreszeiten mit jeweils drei Varianten der Elementezeichen (3 x 4).

Die Luftzeichen

Beginnen wir bei den Luftzeichen. Für sie haben wir Gelb und die Varianten Grüngelb und Rotgelb, also Zitron und Orange, zur Verfügung. Die Unterschiede und die Wertigkeit dieser drei Gelbvarianten kennen Sie ja bereits. Zur Erinnerung seien sie nochmals in Stichworten zusammengefaßt:

Zitron – das grünanteilige Gelb der passiv-aufnehmenden Seite, das hellste und leichteste Gelb mit der intuitiv-eingebenden Note: Hierin liegen die Intuition, der Geistesblitz, die Idee, der Weitblick.

178

Gelb – das eigentliche Gelb, das leuchtendste Gelb, das Gelb der Kommunikation, der Information an sich.

Orange – das rotanteilige Gelb, die aktive, kommunikative Note, das Aufeinanderzugehen, das Kommunizieren, das Du.

Dem stehen nun die drei Luftzeichen der astrologischen Symbolik gegenüber, die wiederum von einem Planentenprinzip »beherrscht« werden. Es sind dies der Wassermann mit Uranus, der Zwilling mit Merkur und die Waage mit Venus.

Im folgenden wollen wir versuchen, einige Wesensmerkmale dieser Zeichen zu beschreiben. Kurze prägnante Stichworte mögen allerdings hierfür genügen. Wer sich näher mit dieser Thematik auseinandersetzen möchte, beschaffe sich Bücher über die Astrologie. Mit Unterstützung der Farbsymbolik ist das Kennenlernen der einzelnen astrologischen Zeichen denkbar einfach. Die nachfolgend aufgeführten Deutungen sind größtenteils dem bereits genannten Buch von Fritz Riemann* entnommen.

Merkur

Merkur ist wie Venus ein Planet, der zwei Zeichen gleichzeitig regiert: ein Luft- und ein Erdzeichen, Zwilling und Jungfrau. Er symbolisiert so auf der einen Seite das Luftig-Leichte, auf der anderen Seite das Feste und Gebundene. Merkur steht also für das *kommunikative, übertragende, vermittelnde Urprinzip*. Es ist der *Planet der Denkfunktion*. Merkur symbolisiert die Fähigkeit, kombiniert denken und erfassen zu können. Die Achsenbeziehung liegt auf der Hand. Sie erinnern sich an die Achse von Sonnengelb/Ultramarin. Es ist die Achsenfarbigkeit, in der das Denken in seiner optimalen Form zum Ausdruck kommt, vom freien, wendigen Geist im leuchtend-leichten, beweglichen *Gelb* bis hin zum konkreten logischen Denken und Erfassen in der »Erdfarbe« des Ultramarin.

* Fritz Riemann: *Lebenshilfe Astrologie*, a.a.O.

Dem *Zwilling*, der leichten Variante der Merkurachse, dessen sanguinisches Wesen ja bereits das Gelb umschreibt, nämlich die leichte, bewegliche, findige Qualität, schreibt die Astrologie das *wache, vielseitige, Interesse*, die Fähigkeit des Sichaustauschens und des Sichmitteilens, der Kommunikation im weitesten Sinn zu. So finden sich hier häufig Berufe, die mit ebenjenen luftig-leichten, beweglichen, kommunikativen Attributen in Verbindung gebracht werden, etwa Kaufleute, Journalisten, Denker (Schnelldenker, keine Grübler), Gelehrte, Erfinder.

Interessant ist jedoch, daß dieses Zeichen der Lüfte in der Farbbevorzugung mehrheitlich zur *aktiven Tiefe*, zum Purpur und Ultramarin strebt. Auch das Luftig-Leichte macht allein nicht glücklich. Insgesamt zeigen die Luftzeichen eine Tendenz zur introvertierten Farbigkeit. Für sie alle gilt die Spannbreite von »himmelhoch jauchzend« bis »zu Tode betrübt«.

Venus

Venus ist bereits in der Orange-Azurblau-Achse ausführlich beschrieben worden: die Achse der Muse, der Harmonie, der Zuneigung, der schönen, weichen Seite des Lebens.

Symbolisiert Merkur bzw. Gelb/Ultramarin die Achse des Gewichts, des Abwägens von leicht und schwer, das nüchtern-rationale Denken, so symbolisiert die Venus, die *aktiv-bewegte, belebte Kommunikation, das Du*, die Achse der sich lösenden Spannung, was sich im warmen, sonnigen, rotanteiligen Gelb, dem *Orange* und der entspannenden Ruhe des Azurblaus ausdrückt oder eben in der Beschreibung des Venusprinzips.

Die *Waage* ist das Luftzeichen, das von der Venus beherrscht wird und das in seiner Jahreszeit, dem »goldenen Oktober«, das warme, sonnige Gelb verbreitet. Die Waage vertritt die weiche Seite des Abwägens: nicht rational sachlich, sondern vermittelnd. Und so ist auch Taktgefühl ein wichtiges Attribut der Waage. Sie ist bekannt für diplomatisches Verhandlungsgeschick, für ihre unparteiische Gerechtigkeit, ihre heitere Gelöstheit und für ihr Streben nach Harmonie und Schönheit.

Und doch scheint dies nur ein Bild für das zu sein, was sie wie ein Schauspieler nach außen hin zeigt. Bei der Waage tauchen in der Bevorzugung vorrangig zwei Bilder auf: Die eine Gruppe tendiert zur »totalen Aktion«, die sich durch die aktivste Karte, die wir im Test bieten, ausdrückt. Die andere Gruppe ist »zu Tode betrübt«. Sie wählt eine Farbigkeit, die nach innen und tieferen Werten strebt: vom aktiv Belebten des Purpurs, das auch einen Hang zum Narzißmus ausdrückt, bis hin zum totalen Rückzug im tiefen Violett.

Kommen wir nun zum letzten der drei Gelbs und zum letzten der drei Luftzeichen. Es ist der Wassermann, der von Uranus regiert wird.

Uranus

Uranus gehört zu den transsaturnischen, den *grenzüberwindenden* Planeten. Er ist für unser Auge nicht sichtbar, sondern *jenseitig*, und er steht im Gegensatz zu Saturn, dem Planeten der Grenze, dem langsamsten der sichtbaren und alten Planeten.

Uranus wird als die höhere Oktave zu Merkur beschrieben. Führt Merkur im Unterscheiden von Details und denkerischen Einzelschritten zu Einsichten und Erfahrungen, so vertritt Uranus den *schöpferischen Funken*, die plötzliche *Eingebung* und *Erleuchtung*, den *Weitblick*, die Kraft zu totaler *Neuorientierung*. Festes und Gesichertes wird aufgegeben im Wagnis zum Neubeginn. Die Analogie liegt auf der Hand. Die Beschreibung geht konform mit *Zitron*, der hellsten, leichtesten Farbe, der Farbe des Neubeginns, der Intuition. Uranus wird fernerhin die *Spannung, die eruptive Entladung, die plötzliche Veränderung* zugeschrieben. Um hier die Analogie zum Zitron erkennen zu können, kommen wir nicht umhin, die Polarität miteinzubeziehen: Zitron steht polar der schweren Tiefe des Violetts gegenüber, der Farbe der Beschränkung auf das Wesentliche, der tiefen Konzentration, der Stagnation. Zitron/Violett: Das ist die Achse der höchsten Spannung, der Hochspannung. Aus dieser Sicht verkörpert Uranus ebenso wie das Zitron den expansiven Part der Spannungsachse, die *Spannungsentladung*.

Dementsprechend weisen die Attribute des *Wassermanns* den Menschen mit Weitblick und Großzügigkeit, den Freidenker, Freiheitsliebenden und den Reformer aus. Die Freiheitsliebe, der Hang, als Einzelgänger zu leben und sich abzusondern, obwohl man sich vordergründig gesellig gibt, sind Eigenschaften, die der Wassermann mit den anderen Luftzeichen teilt.

Die Farbbevorzugung des Wassermanns ist der Farbbevorzugung der Waage ähnlich, nur weniger schwermütig, sondern mehr rational betont (höhere Ultramarinwerte, weniger Violett). Lesen Sie einmal in Kapitel 3 nach, was dort über die Bedeutung der Vorzugsfarbigkeit des Zitron steht. So erfahren Sie, was der Wassermann verkörpert und wonach der Zitron-Liebhaber strebt, nämlich nach den Attributen des Wassermanns oder des Uranusprinzips.

Zusammenfassend kann festgehalten werden, daß die Freiheitsliebe und eine offene, großzügige Denkweise die Attribute sind, die allen Luftzeichen ebenso wie dem Gelbbereich entsprechen.

182

Die Erdzeichen

Die Plantenregenten der Luftzeichen Venus, Merkur und Uranus führen uns direkt zu den Erdzeichen. Denn dort befinden sich die Tierkreiszeichen, die ebenso von diesen Planeten beherrscht bzw. geprägt sind: die Erdzeichen Stier, Jungfrau und Steinbock.

Saturn

Bleiben wir zunächst beim Uranusprinzip/Wassermann oder farblich beim Zitron. Die polare Farbe hierzu ist das *Violett:* die dunkelste, schwerste und tiefste Farbe im Farbweltbild, die mit den geringsten Leucht- und Helligkeitswerten auskommt, die Farbe der Beschränkung auf das Wesentliche und der Tiefe, der Melancholie, aber auch der Konzentration und Meditation. Sie gleicht in ihrer Bedeutung dem Samen in der Wintererde, der alle Informationen in sich birgt, um karge, tote, ruhige Zeiten überdauern zu können. Die Natur setzt Grenzen gleich dem Planetenprinzip des Saturn, des Planeten, der *das grenzensetzende Prinzip* symbolisiert, und zwar polar zum grenzüberwindenden, transsaturnischen Prinzip des Uranus, der die Grenzüberschreitung, den Neubeginn, anzeigt. Geprägt von jener saturnischen Symbolik ist der *Steinbock.* Entsprechend ist die Jahreszeit, in der er das Licht der Welt erblickt. Entsprechend lauten auch die Attribute, die die Astrologie dem Steinbock zuschreibt: nämlich Zähigkeit, Durchhaltevermögen, Beharrlichkeit, Ausdauer, Gründlichkeit, Verantwortungsbewußtsein, aber auch Unbeweglichkeit und Starrsinn. Oft handelt es sich bei den Steinbockgeborenen um exakt arbeitende und fundiert forschende Wissenschaftler, um gründliche Handwerker oder zielstrebige Unternehmer. Berücksichtigt man all dies, so nimmt es nicht wunder, daß sich der Steinbock zu materiellen Werten hingezogen fühlt. Die Vorzugsfarbigkeit bestätigt diesen Wesenszug: Der Steinbock strebt zur Höhe der »realen Ebene« (Abb. 5) Rot/Grün.

Die andere Seite des Merkur

»Ich analysiere«, so lautet der Wahlspruch der *Jungfrau*. Sie ist bekannt für ihre logisch-rationale Denkweise, für ihre Sachlichkeit, ihr nüchtern-realistisches Denkvermögen, für ihre Liebe zum klaren, logischen System, zum Katalogisieren, ihre Vorliebe für die Statistik, die klare, gegliederte Ordnung, die lebenssichernde Orientierung.

Klare Fakten, Logik, Ratio, Vernunft werden in der Farbwelt durch das *Ultramarin* symbolisiert, die polare Farbe von Gelb, der beweglichen Orientierung, dem freien Geist. In der Achsenkombination findet sich also das freie, bewegliche Denken und das logisch-rational Erfassende vereint: in der Denkerachse, der Merkurachse. Merkur symbolisiert das Denken, und zwar sowohl den freien Geist wie auch das konkrete Denken.

Der dienende Charakter, der der Jungfrau immer zugesprochen wird, entspringt nicht unbedingt ihrem eigentlichen Wesen. Es ist vielmehr das Mittel zum Zweck, um eine Art »In-sich-Gefangensein«, eine Gehemmtheit und Befangenheit überbrücken zu können. Es ist das Bedürfnis, »mit dabeisein zu können«, ein Bedürfnis, das oft gestillt wird, weil sich die Jungfrau durch ihre Hilfsbereitschaft viele Sympathien erwirbt. Zu ersehen ist dies aus der Vorzugsfarbigkeit der Jungfraugeborenen.

Die introvertierte Seite der Venus

Der *Stier* ist wie die Waage venusgeprägt, das heißt von der Venusachse in ihrem Plus und Minus, von ihrer hellen, leichten, lebhaften Seite und ihrer *ruhig, besonnenen Seite*. Das Element und die Farbe zeigen die Art der Qualität an: die orangegelbe Luftqualität der Waage, die nach außen geht und gibt, die sich vergißt und wie kein anderer auf das Du fixiert ist, die jeden Streit vermeidet und verbindlich wirkt, die sagt: »Ich wäge ab.«

Im Kontrast dazu steht der Stier, der sagt: »*Ich habe*, ich ruhe mich auf meinem Erworbenen aus und genieße es, ich bin bei mir.« Der Stier ist wie der ruhigste, erholsamste Punkt im Kreis, das *Azurblau*. Er ruht in sich, tendiert jedoch in der Farbbevorzugung wie alle Erdzeichen zur aktiv-belebten, gelbanteiligen Ebene und wie kein anderer zum dominanten, selbstbewußten Rot.

Bescheidenheit, Sparsamkeit und ökonomisches Denken sind sowohl in der Farbwelt als auch in der Astrologie typisch für alle Erdzeichen. Aus ihrem »geerdeten«, mehr oder weniger schwermütigen, etwas unbeweglichen, gehemmten Wesen streben sie, wie ihre Vorzugsfarben zeigen, nach Geselligkeit und Dominanz. Hiermit stehen sie in genauem Gegensatz zu den Luftzeichen, denen bisweilen die »Erdenschwere«, das heißt der Boden unter den Füßen, fehlt, denen aber die Geselligkeit offensichtlich »in die Wiege gelegt« ist. Sie neigen dazu, sich in eigene, innere Welten zurückzuziehen.

Von den Erd- und Luftzeichen kommen wir nun zu Wasser und Feuer, den Zeichen der Mitte. Im Vordergrund stehen die verschiedenen Varianten von Rot und Grün:

- die der gelbanteiligen, der »vitalen Ebene« von Feuerrot und Maigrün,
- die der »realen Ebene« von Rot und Grün und
- die der parallel tiefer liegenden »intellektuell-geistigen Ebene« von Meergrün und Purpur (siehe jeweils Abb. 5).

Dagegen stehen die Zeichen der Astrologie: von den alten Planeten Sonne, Mond, Mars und Jupiter und von den neuen, den transsaturnischen, Neptun und Pluto: sechs Planeten, sechs davon geprägte Zeichen und sechs Farben mit je drei Wasser- und drei Feuerelementen.

Wer sich in der Astrologie auskennt und nun am Ende des Buches auch mit der Farbsymbolik vertraut ist, der kann den Zusammenhang zwischen der Farbe und den Planetenprinzipien inzwischen leicht selbst erkennen. Wer sich jedoch mit Astrologie weniger auskennt, lernt sie jetzt anhand der Farbsymbolik näher kennen.

Die Feuerzeichen

Beginnen wir bei den Varianten des Feuerelements, dem vitalen *Feuerrot*, dem in sich zentrierten, strahlenden *Rot* und dem blauanteiligen, intellektuell-geistigen Rot, dem *Purpur*. Hierfür bietet die Astrologie drei Feuerzeichen: Widder, Löwe und Schütze mit ihren Planeten Mars, Sonne und Jupiter.

Mars

Der Kriegsgott der römischen Kultur symbolisiert die Urkraft, den Kämpfergeist, den Kampfinstinkt, die Durchsetzung des Ego, den Willen, die Energie, den Trieb, den Antrieb, die Angriffs- und Kampfeslust, die Begeisterung wie auch den Affekt. Er ist das Symbol der unbeugsamen Durchsetzung, des entfachten Feuers.

Geprägt von diesem Planetenprinzip ist der *Widder*, der mit jener kämpferischen, zielstrebigen Energie und Willenskraft geladen ist. Er kennt keine Ruhe, Rast und Entspannung, bis er das Ziel, das er sich gesetzt hat, erreicht. Hier verdeutlicht sich die aufbrechende, kardinale Kraft des Frühjahrs, die Energie und die Dynamik der durchbrechenden Urkraft der Natur.

In der Farbwelt entspricht diese Kraft natürlich dem *Feuerrot*, das hiermit den Widder und zugleich das Planetenprinzip des Mars umschreibt. Wo derartige Kräfte im Horoskop betont sind, verkörpert er auch einen Teil von jener Urkraft.

So nimmt es nicht wunder, daß der Widdergeborene in seiner

Farbvorzugung weniger zum Rot als vielmehr zum Ultramarin greift, zu jener Farbe, die die Kraft der Ratio und der Vernunft symbolisiert. Damit bevorzugt er eine Qualität, die dem Widder-Mars-Menschen in seiner vorwärtsstrebenden, folglich oft unüberlegten, expansiven Vorwärtskraft entgegensteht.

Sonne

Die Sonne ist das Symbol für das Leben, das Licht und die Wärme. Sie ist das Energiesymbol, nach Riemann »die einheitlich fundamentale Lebenskraft«, der Lebenskern, das Herz, das Ich, das in sich zentrierte Selbstbewußtsein. Sie steht ferner für Gottvater, den Sonnengott, für das Königliche, Väterliche in uns. Farblich ausgedrückt kann dieses Urfeuer nur das *Rot*, das Urrot, der Lebenssaft: das Blut sein.

Am stärksten geprägt von dieser Kraft ist im Tierkreis der *Löwe*, der zu einem Zeitpunkt das Licht der Welt erblickt, da die Sonne am höchsten steht und ihre Strahlen die intensivste Wirkung zeigen. Dementsprechend ausgeprägt ist hier das Sonnenhafte, die Lebensbejahung, die Lebenskraft, das göttliche, königliche, väterliche Prinzip, das Selbstbewußtsein, das Gefühl, der Mittelpunkt zu sein. Der Löwe trägt das Rot in sich, er verkörpert es. So überrascht es auch nicht, daß er – ähnlich wie der Widder – als Vorzugsfarbe das Ultramarin nebst der »Ätherfarbe« Purpur angibt.

Jupiter

Der indogermanische Gott des Lichts, höchster Gott der Römer, gleichzusetzen mit dem Göttervater Zeus der Griechen, symbolisiert die geistige Sonne, den Sitz der höheren Weisheit, das alles Überragende, den Sinn des Lebens. Er ist das Symbol für das höhere Ich, die Reife, die Bewußtwerdung des eigentlichen Ich, für die

Philosophie, Spiritualität, Religion, den Glauben an den höheren Sinn des Lebens. Gleichzusetzen in Farbe ist dies nur mit dem geistigen Rot, dem *Purpur*, der Ätherfarbe, der inneren Glut, der Farbe der Faszination, der Inspiration.

Entsprechend enthusiastisch geprägt ist das Sternbild, in dessen Zeichen Jupiter dominiert. Es ist der *Schütze*, hineingeboren in die Adventszeit, in diese von der geistigen, verinnerlichten Vorfreude geprägte Jahreszeit. Er ist ein idealistischer, mitreißender Feuergeist, ein Kämpfer für die hehre Sache. Hier finden sich häufig Berufe oder Aktivitäten wie Verkünder höherer Ideen im weitesten Sinne vom Vorsteher von Vereinen, Verbänden bis hin zum Propheten, Missionar, Richter um der Gerechtigkeit willen oder der Dirne aus Berufung. Und so ist es verständlich, daß dieses Feuerzeichen nicht wie die beiden anderen zum vernunft- und ratioorientierten Ultramarin greift, sondern daß es das führende Zeichen der Orangebevorzugung ist.

Allen Feuerzeichen gemeinsam ist das aktive, lebensbejahende Moment. Eigenschaften wie Optimismus, der Drang nach Autonomie und – nicht zu vergessen beim Rottypus – die Tendenz zum Cholerischen verbinden sie. Die unterschiedliche Art zeigt das jeweilige Plantenprinzip oder die Art des Rots an, eben das vitale Moment des Feuerrots, das Reale des Rots und das Geistige des Purpurs.

Der Kreis schließt sich allmählich, und wir kommen nun zuletzt zu den Wasserzeichen. Für den Astrologen ist es jetzt denkbar einfach, die nötigen Schlüsse zu ziehen; er braucht dazu nur die Polaritäten und die mitregierenden Planeten, Jupiter in Fische und Mars in Skorpion, zu berücksichtigen. Wir bleiben jedoch um der Systematik willen beim analogen Vergleich, bei den Beschreibungen der Zeichen und Planeten.

Die Wasserzeichen

Bei den Wasserzeichen handelt es sich um Fische, Krebs und Skorpion mit den regierenden Planeten Mond, Neptun und Pluto, denen die drei Grüntöne zugeordnet werden: das vitale gelbanteilige *Maigrün*, das mittige *Blattgrün* und das blauanteilige *Meergrün*.

Aus der Achsenbeziehung Purpur/Maigrün – der Achse des Wachsens und Werdens, in der Jupiter die Analogie zum Purpur zeigt – haben wir den ersten Hinweis. Jupiter ist der Mitregent der Fische. Folglich tragen die Fische etwas vom Jupiterhaften. Ähnlich verhält es sich bei Merkur und der Venusachse: das Jupiterprinzip als Plus und Minus – zum einen auf der bewußten, aktiv-fühlenden Seite des Rots, im enthusiastisch-begeisterten Wesen des Schützen, und zum anderen auf der beseelten, passiv-empfangenden, empfindenden Seite des Grüns, das sich noch exakter im Planetenprinzip der Astrologie definiert, nämlich im Neptun.

Neptun

Neptun, der zweite transsaturnische Planet, der Gott der Meere, symbolisiert die Sehnsucht, die offengelegte Seele, das grenzenauflösende Prinzip. Er steht für das Spüren feinster Schwingungen, das All-Eins mit dem grenzenlosen Kosmos, das Empfänglichsein für Metaphysisches, das Bedürfnis nach Transzendenz. Kurzum: Hier geht es um einen Symbolgehalt, der anzeigt: »Ich bin generell offen für alles zu Erreichende«, um eine Gabe, die vom einfachen Instinkt bis hin zur Medialität reichen kann.

Farblich definiert finden wir dies im *Maigrün*, der vitalen, unbewußten, passiven Aufnahmekraft. Der *Fisch* ist geprägt von dieser Kraft. Sie zeigt sich vor allem in seiner Aufnahmekraft und -bereitschaft für Umwelteinflüsse jeglicher Art. Der Fisch ist für seine Durchlässigkeit, ja »Hautlosigkeit«, für seine Sensibilität, Gefühlsbetontheit und seine Fähigkeit, mitfühlen und mitleiden zu können, bekannt. Typisch ist sein Bedürfnis, mitzuhelfen, sich einzusetzen. Dabei kann er nicht nein sagen, geht für andere und in anderen auf. Riemann führt aus: »Das Ich löst sich hier gleichsam auf in der Teilhabe am Universum, und der Mensch kann den Seinsgrund erahnen, aus dem sich die Vielheit der Erscheinungswelt entfaltet.« So drückt sich der Idealismus des Jupiterhaften im Grün mehr im passiv-seelischen Empfinden aus, und seine Berufung liegt mehr beim Märtyrer oder Samariter als beim Missionar oder Weltveränderer. Die Fischegeborenen gehören neben den Jungfrau- und Waagegeborenen zu den wenigen, die die dienenden Farben Ocker und Oliv als Vorzugsfarben angeben. Zugleich sind sie führend in der Rot- und Purpurbevorzugung, was auf ein Streben nach dem bewußten Ich und Selbstfindung hindeutet.

Pluto

Von der Maigrün-Purpur-Achse, der Jupiterachse, kommen wir nun zur nächsten Verbindung, in der durch den mitregierenden Planten ein Hinweis gegeben ist.

Es geht um den Mars, der in Widder und nach alter Astrologie auch in Skorpion. Mars-Widder-Energie entspricht Feuerrot. Folglich muß die aufbrechende, aktiv-vitale Marsenergie oder Marssymbolik als Minus auf der polaren, unbewußt passiv beseelten Seite des blauanteiligen Grün zu suchen sein: im *Meergrün*. In der heutigen, modernen Astrologie definiert man das Marsprinzip feiner im Planetensymbol des *Pluto*, eine Energie, die nach innen geht, die das Unergründliche, die Seele, aufreißt.

Pluto symbolisiert nach alter griechische Sage den Herrn der Unterwelt (Hades). Pluto ist der dritte transsaturnische und bisher letzte erkannte Planet (1930); die Beobachtungen über seine Wirkungszusammenhänge sind also noch sehr neu. Nach den Ordnungszusammenhängen des Goldenen Schnitts, die von Pythagoras her bekannt sind (Klangharmonien), wird er als die höhere Oktave des Mars bezeichnet. Nach Riemann ist Pluto gekennzeichnet durch eine »überwirkliche Urpotenz«, und die »Urgründe der Seele«. Als mystischer Herrscher des Totenreichs symbolisiert er »die Rückbesinnung auf Seelenschichten, in denen vielleicht unsere tiefsten Wurzeln liegen. Die wiederentdeckten ›Toten‹ sind die ins Unbewußte gesunkenen Erwerbungen früherer Menschheitsphasen … die Verbindung mit den archaischen Seelenkräften.«

(An dieser Stelle ist es an der Zeit anzumerken, daß die drei transsaturnischen, grenzüberwindenden Planeten vielleicht den Rahmen des einfachen Farbkreises sprengen. Für die zwölf Tierkreiszeichen und die alten, sichtbaren Planeten sind die Vollfarben genau richtig, da sie eben natürlich sind. Für die grenzüberschreitenden, die »übernatürlichen« Planeten kämen die transluzenten Farben in Frage, die tatsächlich auch in ihrer Wirkung im Zitron, Maigrün und Meergrün am besten zur Geltung kommen.)

Geprägt von jenen Kräften ist das Tierkreiszeichen, das genau in die Jahreszeit der »sterbenden, absterbenden« Natur hineingehört, in eine Zeit, in der sich die Natur wieder rückverwandelt (siehe Abb. 6: Der Weg der Pflanze), rückbesinnt, ihren Weg »zurück zu den Wurzeln« antritt, in eine Zeit, in der es um innere Werte geht, um den tieferen Sinn, der im verborgenen liegt. Die Fähigkeit, das Wesen der Dinge zu erkennen, hinter die Fassade zu blicken, das Hintergründige zu erkennen: Diese Fähigkeit wird dem *Skorpion* zugeschrieben. Seine Stärke liegt, wie Riemann schreibt, »im unerbittlichen Erforschen mit der Gefahr, das notfalls Erforschte zu zerstören«. Der Skorpion deckt also fast gnadenlos – und notfalls ohne Rücksicht auf Verluste – Hintergründe auf, nach dem Motto »der Zweck heiligt die Mittel«.

Er wird deshalb oft mit der Schwarz-Weiß-Farbkombination gleichgesetzt oder mit dem »Phönix aus der Asche« (»Stirb und werde!«) Dieser Farbvergleich kann allerdings nur gelten, wenn man die Farbe lediglich als Mittel zum Zweck benutzt und die globale Gesamtheit des Farbweltbildes außer acht läßt.

191

Schwarz/Weiß zeigt zwar das negative Extrem des Skorpions, das die Anlage zum Selbstzerstörerischen und zur Selbstvernichtung betont, unterschlägt aber die positive und an und für sich geniale Seite dieses Zeichens. Qualitäten kann man aber nur fördern, wenn man die ganze Bandbreite aufzeigt: sowohl das Positive als auch die Gefahr, die darin liegt. Und diese Qualität ist im *Meergrün* im vollen Umfang enthalten. Anatomisch werden dem Skorpion die Fortpflanzungsorgane zugeordnet, die hier wiederum besser der Lebensachse von Feuerrot und Meergrün entsprechen als dem zwangsneurotischen Schwarz/Weiß.

Die Farbbevorzugung des Skorpions konzentriert sich auf die rotanteilige Seite von Orange bis Purpurrot und Ultramarin. In letzter Zeit wird das blauanteilige Rot, das Purpur, weniger bevorzugt (eine Tendenz, die sich allerdings im gesamten Farbtrend zeigt), im Gegenzug wird das ratiobetonte Ultramarin stärker betont.

Mond

Der Mond, der Planet des Wasserelements, beeinflußt Ebbe und Flut. Er symbolisiert das Licht im Dunkel der Nacht, aber auch das innere Licht, den Bereich des Unbewußten. Er ist Symbol für die Seele, das Reich der Mütter, für das weiblich-empfangende und nährende Prinzip. Organisch ordnet ihm die Astrologie den Flüssigkeitshaushalt des Körpers sowie die Beziehung zu den aufnehmenden und ernährenden Organen zu. Die Analogie zum *Grün* liegt auf der Hand.

Als Polarität auf der Rot-Grün-Achse bietet sich die Sonne an: Sonne und Mond als die beiden »Lichter« in der Astrologie, Sonne und Mond wie Herz und Seele gleich der Rot-Grün-Achse im Farbweltbild.

Die Entsprechung dieses Seelenbildes des Mondes findet sich im Tierkreiszeichen des *Krebses*, der ein völliger Seelenmensch ist. Er ist geprägt von jener weiblich-introvertierten Seite, die sich in seiner Sensibilität, seiner Anhänglichkeit und seinem Beschützerinstinkt ausdrückt. Sein Wahlspruch lautet: »Ich fühle.« Er ist empfindsam, leicht zu beeindrucken und aufgeschlossen für die romantische Seite des Lebens. Der Krebs ist demnach alles andere als rational, er ist weniger geeignet für die nüchternen und rein wissenschaftlichen Arbeiten, die eher von den Erd- und Luftzeichen verrichtet werden. Die Palette seiner Farbbevorzugung ist recht bunt, konzentriert sich jedoch auf den gelbanteiligen Rotbereich und ist bei der Violettbevorzugung konstant vertreten.

Die Tendenz zur warmen, aktiv-herzhaften Seite des Farbweltbildes ist allen Wasserzeichen gemeinsam und steht damit genau entgegengesetzt zu ihrem mehr oder weniger gefühlsbetonten, gemüthaften Wesen, dem beharrlichen, zähen und trägen Temperament des Phlegmatikers.

Die eigene Farbigkeit

Mit Hilfe eines exakten Horoskops ist es nun möglich, die eigene Farbigkeit, die man verkörpert, zu ermitteln. Das Sonnenzeichen allein ist hierfür zu wenig; mit einbezogen werden sollten der Mondstand, der Aszendent und starke Planetenbetonungen. Das folgende Beispiel mag dies verdeutlichen:
Hat jemand Sonne in Fische (Maigrün), Aszendent Skorpion (Meergrün), Mond in Waage (Orange), Sonne Konjunktion Saturn (Violett), so ergibt sich doch ein Bild, das mehr aussagt als nur die einseitige Angabe des Sonnenzeichens. Anhand dieser Informationen allein aufgrund der Farbverteilung angenommen werden, daß diese Person ein stark gefühlsbetontes, feinfühliges, tiefgründiges, beseeltes Wesen mit weicher melancholischer Note und viel Durchhaltevermögen, allerdings mit wenig Antrieb ist. Wie kommen diese Annahmen zustande?
Die Sonne, die Energie, steht in Fische/Maigrün, der Symbolik der

Aufnahmekraft und Durchlässigkeit, der offenen Seele. (*Energie:* gefühlsbetont, feinfühlig.)

Der Mond, die Seele, steht in Waage/Orange, der Symbolik von geselliger, sanfter Kommunikation, dem Miteinander, dem Du, der Harmonie. (*Seele:* auf das Miteinander, den Austausch bedacht.)

Der Aszendent steht in Skorpion/Meergrün, zu dessen Symbolik es gehört, den Dingen auf den Grund zu gehen. (*Aszendent,* die »Brille«, durch die man die Welt sieht, sie ist hier nicht »rosarot«, sondern meergrün: Das feinfühlige Wesen der Fische-Energie wird durch die nach innen gehende Kraft des Meergrüns verstärkt, vertieft verinnerlicht.)

Die Konjunktion der Sonne mit Saturn/Violett verstärkt noch einmal die tiefgründige Tendenz, aber auch die melancholische Note und den gebremsten Antrieb, der durch Gründlichkeit und Verantwortungsbewußtsein kompensiert wird. »Man muß die Dinge wachsen lassen« könnte als Motto zu diesem Typus passen. Alles in allem zeigt sich ein sinnliches Bild, das auf eine musische, künstlerische, besonnene Anlage schließen läßt.

Synthese von Farbkreis und Tierkreis

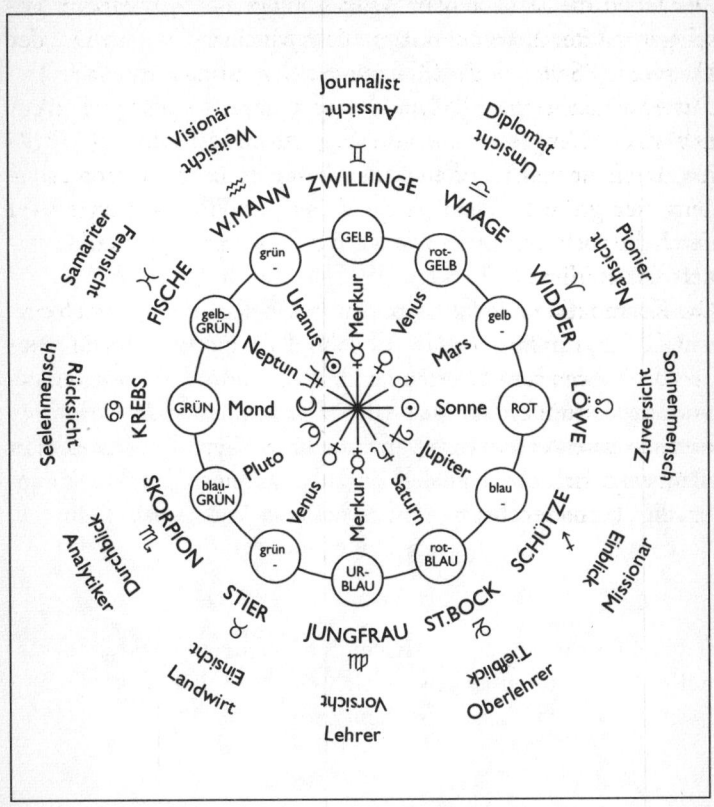

Abb. 16 *Die differenzierten Urfarben, Tierkreiszeichen und Planeten, zusammen-gefaßt im zwölfteiligen Farbkreis*
Die (leicht ironischen) Stichworte in den beiden äußeren Kreisen geben einen Hinweis auf die jeweilige *Sicht*weise und die daraus folgende *Berufung.*

In der Abbildung 16 ist sofort zu erkennen, daß die Zeichen nach ihren Qualitäten sortiert sind (zur besseren Orientierung vergleiche auch Abb. 5): nach den vier Elementen, nach den weiblich (-) betonten Zeichen auf der linken und den männlich (+) betonten auf der rechten Seite; die Zeichen mit extro- und introvertierter Betonung finden sich mit Mars und Venus in der Richtung der Lebensachse; in der Gegenrichtung die Verschmelzungsqualität, die Achse von Wachsen und Werden mit den Planeten Jupiter und Saturn.

Betrachtet man die Parallelen (Abb. 17) der Waagrechten aus der Sicht der Jahreszeit, so finden wir für die »vitale Ebene« das frühe Jahr (März/April – Fisch und Widder), für die »reale Ebene« die Jahresmitte (Juli/August – Krebs und Löwe) und für die »geistig-intellektuelle Ebenen« das späte Jahr, die Vorweihnachtszeit (November/Dezember – Skorpion und Schütze). Und wenn wir zu guter Letzt die Zeichen im Ablauf der Monate miteinander verbinden, erhalten wir eine schräg verlaufende Acht in drei Ebenen, die mit der letzten Diagonale wieder das frühe Jahr nach dem Winter ankündigt (Januar/Februar – Steinbock und Wassermann) und von dort aus in ein neues Wachsen hineinmündet.

Betrachten wir nun den normalen fortlaufenden Tierkreis, unterteilt in vier Quadranten bzw. vier Jahreszeiten mit ihren kardinalen, fixen und veränderlichen Zeichen/Zeiten (Abb. 18).

Hier kann man nun den Farbkreis bzw. die zwölf Farbqualitäten in den Tierkreis integrieren, und zwar dergestalt, daß sich die Farbe dem Ablauf der Jahreszeiten unterordnet (Abb. 19). Dies ergibt keine schräg liegende Acht, sondern schräg liegende Parallelen, wenn wir die einzelnen Farben in ihrer Achsenbeziehung verbinden. Durch die Betonung der Farbe lassen sich im Tierkreis die mitregierenden Planetenbeziehungen leicht erkennen. In der unteren Hälfte befinden sich die schnellaufenden, die für uns schneller spür-

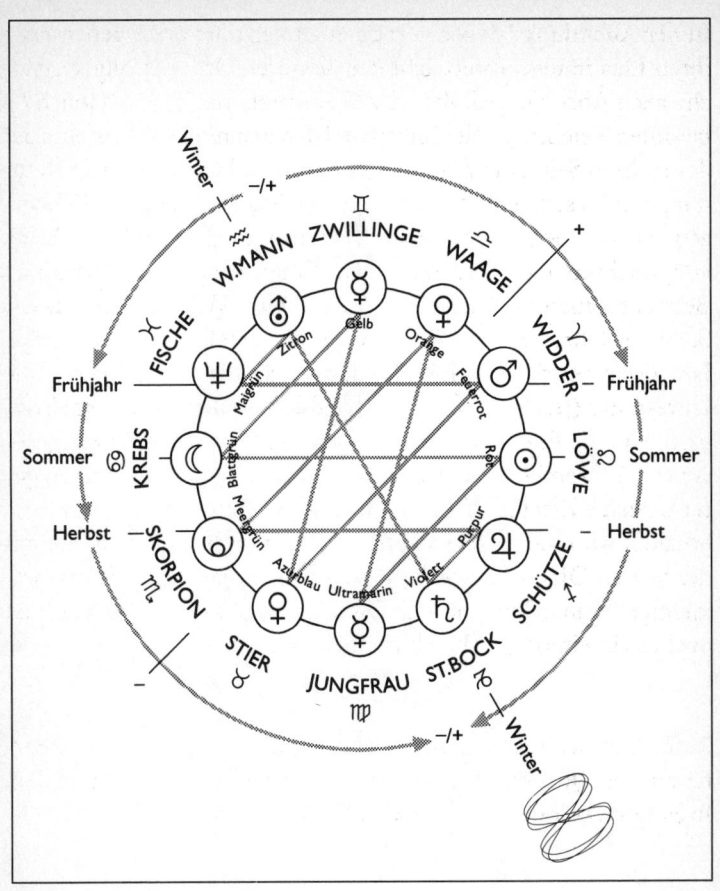

Abb. 17   Der unendliche Durchlauf von Jahreszeit und Tierkreis im Farbkreis

197

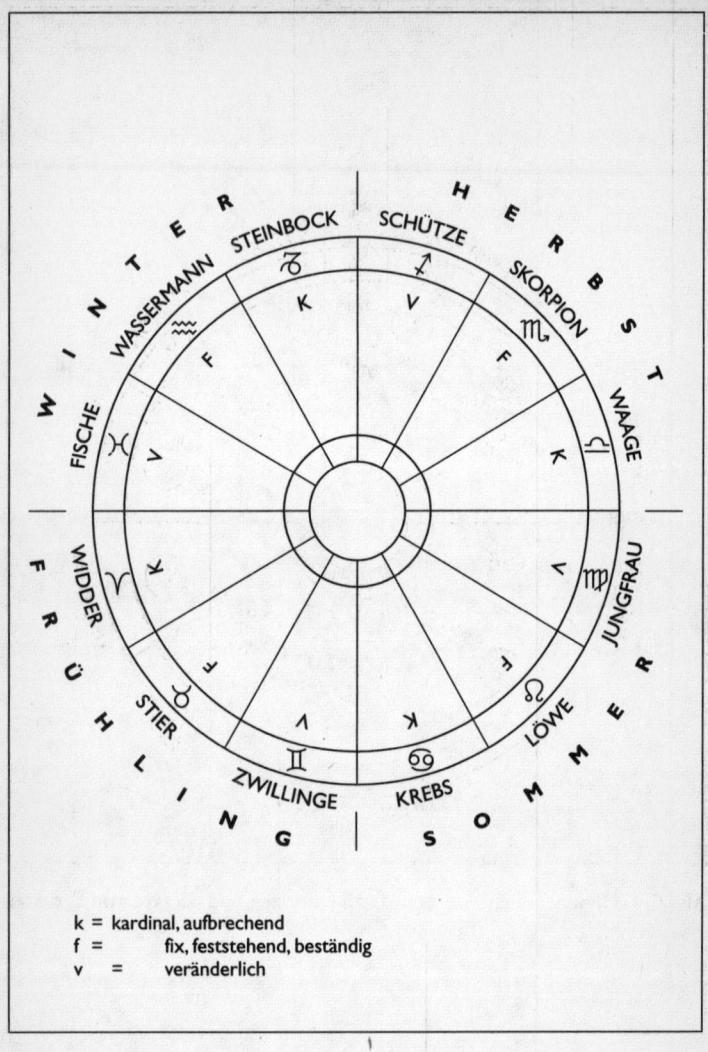

Abb. 18 Die Jahreszeiten im Tierkreis
k = Kardinal, aufbrechend; f = fix, feststehend, beständig; v = veränderlich

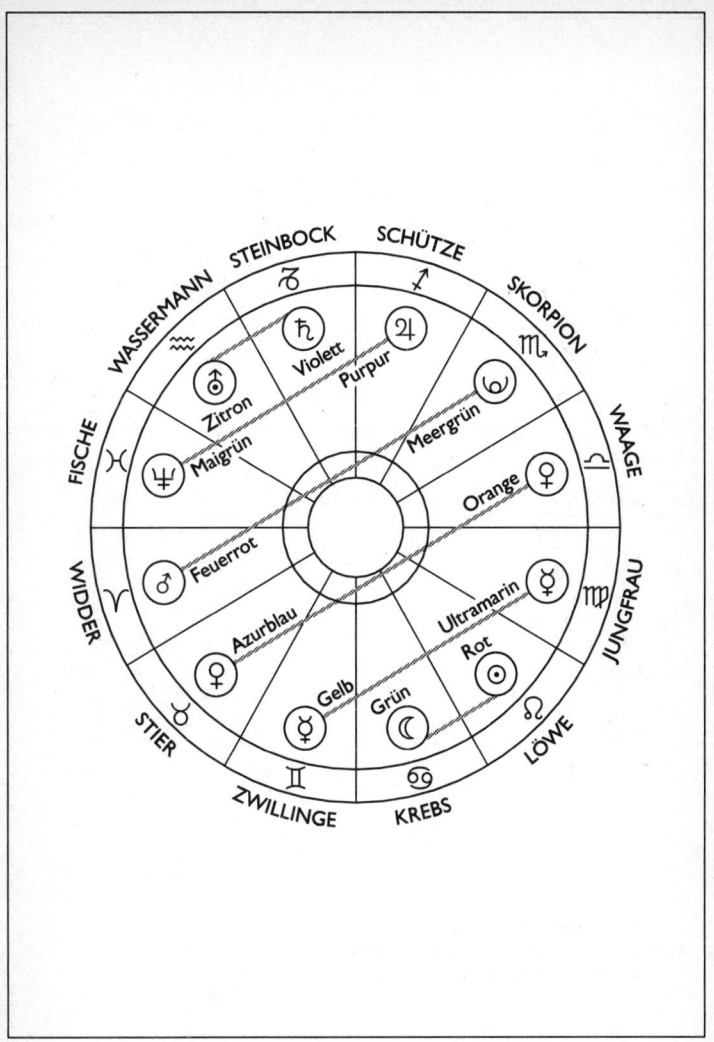

Abb. 19 Die Farbachsen mit Plantensymbolen, integriert in den Tierkreis
Auch hier wieder unser Tip, die Symbolsprache Farbe selbst einzusetzen, indem
Sie mit Farbstiften die Planetenqualitäten anmalen.

baren Planeten, in der oberen Hälfte des Kreises die langsam laufenden, die subtil und auf längere Zeit wirkenden Planeten.

Wir können zusammenfassen: Es handelt sich bei Astrologie und Farbsymbolik um zwei Symbolsprachen, um zwei Ausdrucksweisen, die das Abbild unseres Kosmos darstellen. Beide können nur voneinander gewinnen, da jede für sich die andere ergänzt oder in einer anderen Ausdrucksform näher definiert. Im Farbkreis liegt die Betonung auf der Charakterqualität. Aus dem Tierkreis läßt sich vor allem die Zeitqualität auf den ersten Blick erkennen. Die Astrologie bzw. das Horoskop ermöglicht den Einblick in die angelegte Biographie. Die Farbe bzw. der Farbtest ermöglicht den Zugriff auf die gelebte Biographie.

Mit dieser Feststellung dürfte wohl auch die Frage geklärt sein, ob ein Tierkreis im laufenden Spektrum angeordnet werden kann. Hier wird deutlich, daß er elementspezifisch zugeordnet werden muß. Es sind zwei Symbolsprachen, die sich wunderbar ergänzen, die jedoch in ihrer eigenständigen Qualität bestehen bleiben sollten.

Farbe als Weg –
ein Schlußwort

»Der Zufall«, so sagt Hans Clarin in seiner Rolle als Fotograf, als »Auge Gottes«, »der Zufall ist die rechte Hand Gottes«.

Nun soll das Buch zum Ende nicht etwa als Medium für den Religionsunterricht zurecht getrimmt werden, doch zeigt es sich fraglos, daß das gesamte Universum nicht eben so zufällig à la Darwin entstanden ist, sondern einer höheren Idee folgt. Deshalb führt uns auch der Farbweg, selbst wenn wir ihn zeitweilig verlassen – ob bewußt oder unbewußt –, immer in die richtige Bahn zurück. Anders als in der Mathematik und der daraus geprägten Denkweise unseres Jahrhunderts gibt es im kosmischen Raum und damit auch im Bereich der Farbe keine Möglichkeit, auf fragwürdige Annahmen sogenannte Schlüsse aufzubauen. Jeder Weg muß konsequent gegangen werden. Symbolsprachen müssen sich bilden und können nicht per Verordnung oder Absprache eingeführt werden.

Hätte Alexander der Große vor über zweitausend Jahren nicht durch Malaria ein frühes Ende gefunden, so wäre zu dieser Zeit eine Verschmelzung des Orients, hier vor allem der hinduistisch-indischen Zweiheitslehre (Gelb/Blau), mit dem Okzident der griechisch geprägten Vier-Elemente-Lehre: Feuer (Rot), Wasser (Grün), Luft (Gelb) und Erde (Blau) erfolgt. Da beide Systeme ineinander verwoben sind, hätte dann die Chance bestanden, die fünfte Primärfarbe, den Purpurbereich, bereits im Fische-Zeitalter zum Bestandteil der indogermanisch geprägten Welt zu machen.

So aber blieb Purpur weitere zweitausend Jahre den Königen und Priestern vorbehalten, wobei – Ironie des Schicksals – das originale Purpurrezept aus dem Altertum während der Kreuzzüge verlorenging bzw. die letzten persischen Purpurfärber es mit ins Grab nahmen. Auch das faszinierende Ultramarinblau-Rezept der Fenster von Chartres aus dem 12. Jahrhundert ist uns nicht überliefert, so daß wir, wollten wir zynisch sein, sagen könnten, die letzten zweitausend Jahre waren kulturell gesehen »für die Katz«.

Waren diese zwei Jahrtausende tatsächlich umsonst? Vielleicht geht es mit »de Leut«, wie die Süddeutschen zu sagen pflegen, eben doch nicht so schnell, und so bewegen wir uns zweitausend Jahre in zwei Farben, zweitausend Jahre in drei Farben, zweitausend Jahre in vier Farben und die folgenden zweitausend Jahre in fünf Farben (siehe Abb. 20). Im Jahre 4000 dann könnte das inspirative, Neues schaffende Grüngelb als sechste Symbolfarbe folgen.

Es hätte (siehe Alexander der Große) zweifelsfrei die Möglichkeit einer symbolischen Farbabfolge 2 – 3 – 5 – 7 bestanden, wobei aber nicht der Rückschluß erlaubt ist, daß mit der Sieben das Weltende erreicht sein wird. Im Gegenteil, wenn die Zahl sieben farbsymbolisch belegt und Allgemeingut geworden ist, dürften sich die kulturellen und ethischen Voraussetzungen soweit gebessert haben, daß ein Weltenende nicht mehr zu fürchten ist.

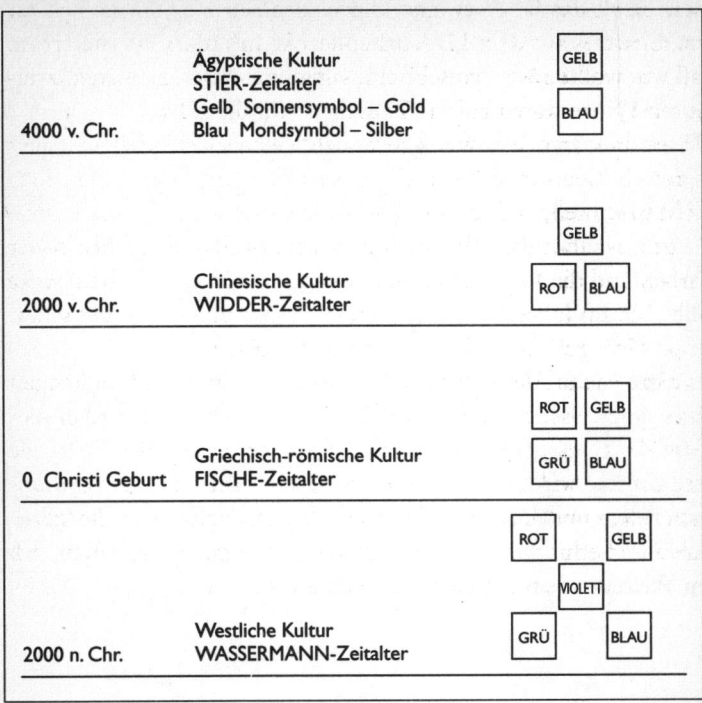

Abb. 20   Zeittafel: Der Mensch im Zentrum der Elemente selbstbestimmend
handeind

Hinweis

Anfragen und Anregungen richten Sie bitte an:

Institut für Farbendynamik (IFF-GmbH)
Postfach 1211
74623 Bretzfeld

ALTERNATIV HEILEN

Dr. med. Wolfgang Exel
Willi Dungl
Schmerzfrei ohne Gift

Natürliche Hilfe bei:
Erkältungskrankheiten, Rheuma,
Magen- und Darmbeschwerden,
Kreislaufstörungen, Schlaflosigkeit u. a.

ALTERNATIV HEILEN

(76116)

Deepak Chopra
Die Körperzeit

Mit Ayurveda jung bleiben,
ein Leben lang

ALTERNATIV HEILEN

(76095)

Aljoscha Schwarz
Ronald Schweppe
Heilen mit Gewürzen

Die Heilkraft heimischer
und orientalischer Gewürze
gezielt einsetzen

ALTERNATIV HEILEN

(76105)

Dr. Edward Bach

**Heile dich selbst
mit den
Bach-Blüten**

ALTERNATIV HEILEN

(76016)

Michael Reed Gach
**Heilende
Punkte**

Akupressur zur Selbstbehandlung
von Krankheiten

ALTERNATIV HEILEN

(76002)

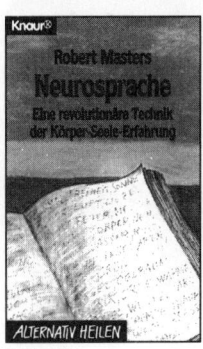

Robert Masters
Neurosprache

Eine revolutionäre Technik
der Körper-Seele-Erfahrung

ALTERNATIV HEILEN

(76121)